天下文化

BELIEVE IN READING

心智鍛鍊

成功實現目標的20堂課

TRAINING THE MIND

20 Step by Step Lessons on Achieving Your Goals

許皓宜　周思齊
合著

目次

前言

為什麼我們無法達成自己想要？

在這本書中，我們不是我們自己。我們是十六號選手和心理學家，陪著大家一起探究鍛鍊心智的奧祕。

職業棒球選手和心理學家一起合作寫書，聽起來好像十分「跳tone」，然而，當我倆開始籌劃這本書，交換彼此遇過的人事物和生命經驗時，才發現在各行各業中，生而為人的我們，其實總面臨著種種相似的難題、擁有許多共通的本質。

同時間，我們也發現人們之所以會產生困擾，或多或少都和「無法達成自己的期待」有關。比如：想要在比賽中獲得好表現的人希望落空、想要轉換工作的人無法如願以償、想要遠離肥胖的人總是瘦不下來、想要讓自己開心的人擺脫不了憂鬱、想要親近所愛的人卻無法控制地相互怒罵……

我們的人生有許多「想要」，但當那個念頭浮現出來，卻可能出現成千上萬種阻礙使得我們「無法達成自己想要」，我們因此感到難過、挫折、痛苦、無可奈何……倘若不小心在這樣的心境中沉淪，生命的動力就好像被吸進那些負面黑暗的情緒裡——人，因此而徬徨，不知哪裡才是未來，尋不到何謂生命意義所在。

過去，十六號選手和心理學家曾經不約而同地，分別在各自的著作中書寫人生面臨挫折時如何處理情緒；我們發現彼此都是熱愛某些事物卻不盡然擁有足夠天分的人，但有趣的是，人類的心智好像能鍛鍊出某種元素，支撐我們越過情緒黑洞，朝向自己嚮往的人生方向。

像是年輕時不被看好的棒球少年，不知不覺長成有能力為臺灣打國際賽的國手，同時也是中華職棒史上第五位出賽超過一千四百場的「資深男孩」；或是在代謝功能大幅下降又被稱為「大齡女子」的年紀，還能不知不覺找回少吃多動的毅力，在四個月內擺脫超過十四公斤的體重和超過十四％的體脂肪（一不小心就說出自己的故事了）。

在每個人的生命裡，都可能發生好多好多不可思議的故事。現在說來好似簡單，但仔細回顧這些「不知不覺」，才發現那真是戰勝無數個「負面的自己」，千辛萬苦得來的。

於是，我們決定將彼此的學識背景加以整合，從科學研究的觀點，來回應那些曾經發生在人類歷史（特別是運動史）上的故事，目的是探究一個你我都關心的議題：究竟是什麼樣的關鍵元素，讓人類能克服惰性，建構出持續朝向「想要」直至「達成」的心智狀態呢？

這種「達成想要的狀態」，很多人稱之為「成功」，然而在這裡我們想為它下一個更深刻的定義：「一個對人生擁有主導權的自我」。因為所謂的「成功」，指的從來不是別人眼中的定義，而是我們怎麼看待自己。

所以，如果你也曾經嘗過挫敗或正處於人生迷惘，如果你也因為某些「想要」還無法達成而感到懊惱，歡迎和我們一同加入這場心智鍛鍊的歷程，我們一起為了成為更喜歡的自己，而加油。

進入心智鍛鍊前，先學習「刻意懊惱」

你體會過懊惱的感覺嗎？

讓你感到懊惱的，都是哪些時候？

今年剛滿五十二歲的張大哥為公司盡心盡力打拚了將近三十年，但最近卻被奉獻一輩子的公司給裁員了，他對自己臨老被拋棄感到超級懊惱、超不甘心，他痛苦不堪，為自己的付出感到不值得。

二十五歲的王小姐也說她體會過這種極度懊惱的感覺。從十七歲開始交往多年的前男友，最近出國留學長知識後，手牽手帶回來一個號稱與他旗鼓相當的「真愛」，請求王小姐成全。愛人的心都飄走了，一千次懊惱也喚不回來，只能夜夜在夢中消磨，在不存在的時空裡，懊惱地對前男友大喊：「沒良心的人，去死吧你！」

同樣的，十六號選手也對這種懊惱的感覺有過深刻體會。

一場棒球比賽總共九局，主隊和客隊各攻、守九個半局。想像一下，現在是比賽的九局下半，自己的隊伍比數落後一分，場上出現連續好幾支安打，前面幾名打者已經占滿三個壘包，接下來換你上場打擊了。已經兩人出局，你是全隊可以仰賴的最後希望，只要一支安打，就有反敗為勝的機會。

全場觀眾都屏息以待看著你，你渾身熱血想要一棒建功，可惜，你卻傻愣愣站在原地被三振，然後聽著周圍原本提上胸口的心跳聲一沉而下，變成無盡惋惜的嘆氣聲。

懊惱，真是超級懊惱！

最慘的是，如果這種狀況發生在深受矚目的國際賽事上，懊惱啊懊惱！回程交通工具上，隊友彼此之間的沉默，彷彿是由眾人心裡滿溢出來的懊惱編織而成的。在這樣的氛圍下，真可以徹底體會到，什麼叫做「烏雲罩頂」。

比別人幸運的是，職業運動員的生涯，幾乎每一天都有無數次體會與克服懊惱的機會。我們才明白，原來要鍛鍊自己的心智，不只不能將「懊惱」給硬生生地割除掉，反而更要學習刻意地去體會懊惱，才能找到和它相處、共存的方法與契機。

人的心智之所以會變得愈來愈強大，就是因為我們會懊惱、會感到挫折。這個概念在許多心智強人的頂尖人士身上都獲得驗證。

世界知名運動品牌Nike的創辦人菲爾．奈特（Phil Knight）原本滿懷熱情想要成為運動員，然而，不管他怎麼努力都無法如願，當奈特懊惱到終於認清自己的天分後，最終把對運動的熱情做了調整與轉向。他創辦專賣運動鞋的公司「藍帶」（也就是Nike前身），並且在反覆借貸與破產的危機中，撐過了四十年，使Nike成為現在眾人熟知的Nike。

NBA籃球明星麥可・喬丹（Michael Jordan）如果光靠天分，不可能拿下十屆NBA得分王、五屆最有價值球員、六屆總決賽最有價值球員的傲人紀錄。喬丹曾經也因為球技卡關而懊惱，為了讓球技更上層樓，他戒掉運動員消耗大量體力後最愛的夜生活，招募訓練師一同成立「早餐俱樂部」，在球隊正規訓練之外再加強自主訓練，歷經每天十幾個小時的苦練，最後才成為大家心目中的「飛人喬丹」。

明白了「刻意懊惱」的道理，問題來了：我們應該如何把存在於情緒中的張力，轉換成可以幫助自己主導人生的能力呢？

從科學理論和實務經驗中，我們找出了幾個答案：

1——**專注力：**願意親近喜愛事物的能力。

2——恆毅力：持續朝日標邁進的能力。
3——爆發力：關鍵時刻發揮自我的能力。
4——穩定力：低潮時刻修復自我的能力。
5——孤獨力：在群體中保有自我的能力。

・認識「心智鍛鍊」

心智是什麼呢？要怎麼鍛鍊，我們才能擁有強大的心智？

自古以來，不管從科學、哲學、文學或是歷史，很多地方可以看到對於心智的描述或解讀。比方說，《韓非子》就曾提過「心智」這兩個字，偏向「腦袋聰明」的意思；而《呂氏春秋》也曾提到「心智」，但所表達的卻是「智慧」的意思；而心理學有一種說法是，我們可以把「心智」看成「思維能力的整合」。由此可見，人類「心智」範圍之浩瀚，可能遠遠超過我們所能想像。

至於這本書所要談論的「心智」概念則集中在：當人們想要實現某些欲

求，朝著夢想或目標發展前進時，內在心理活動的運作。我們試著回答一個重要命題：該怎麼做，才能鍛鍊出有能力達成目標的心智狀態呢？

通常，朝向夢想和目標的過程，是由一連串「行動（行為）」所組成的，而我們如何「感受（情緒）」，以及如何「看待（思考）」事物，則影響我們如何採取「行動（行為）」。換句話說，愈能駕馭自己的情緒和思考的人，相對來說，也就愈能掌握自己的行動。

根據心理學的研究發現，每個人都有的基本情緒，大致包括喜、怒、哀、驚、惡、懼等六種。這本書所談論的五項心智能力，便是根據人類的六項基本情緒所得來的：

1——**專注力，是「我喜歡」**。目的是鍛鍊我們能排除不必要的混亂，感受接觸所愛事物時發自內心的喜悅。

2——**恆毅力，是「我想要」**。目的是鍛鍊我們能先一步思考放棄目標的後果（哀傷），而能持續堅定在所欲求的事物上。

3——**爆發力，是「我可以做得到」**。目的是鍛鍊我們面對不管身處大場面或小場面，都能懷抱一種正在醞釀驚人氣勢的自我相信。

4——**穩定力，是「我不會被打倒」**。目的是鍛鍊我們遭遇挫敗時，能找出方法來安頓自己的憤怒、恐懼與不安。

5——**孤獨力，是「我持續突破自我」**。目的是鍛鍊我們內在被討厭的勇氣，願意在人群中展現出那些與他人不同的自我獨特本質。

在這五大心智能力的鍛鍊中，「職業運動員」肯定是實踐這過程最具代表性的人物之一。因此在本書中，我們也引用許多頂尖運動員（專家）的故事，來探究所謂「強大心智」背後的祕密。

從概念到實作，給自己一段反覆練習的時間，相信你會感受到自己的內在逐漸變得強大。

擁有強大心智，我們才能真正好好活著。

PART

1

專注力

願意親近喜愛事物的能力。

在心理測驗中，有一種透過畫圖來投射內心狀態的做法：受測者在白紙上徒手畫下房子、樹和人的圖像，倘若受測者手繪圖像的線條顯得雜亂而潦草，往往透露出他們內心也存在某些混亂，思緒還沒有足夠清晰的整理。

然而，混亂對許多人來說，卻是一種常態。學生求學，面對日益複雜的新知識，是一種混亂；上班族在職場打拚，工作事務常常夾帶著複雜的人際關係，更是一種混亂；專職於照顧家庭的主婦和主夫們，就算不用面對龐雜的家族姻親關係，還可能面對自我存在感的問題，也是一種混亂。

對運動員來說，混亂更是每天都需要面對的存在。比如一場棒球比賽，風向可能影響棒球飛行的軌跡，天氣則會影響選手的視野與能見度，所以棒球選手除了需要掌握自己的體能和心智狀態，還要想辦法克服無法掌控的外在因素。運氣不好時，明明打出去的是一支紮紮實實的安打，眼看有機會越過全壘打牆，卻逆向吹來一陣風，把球直直吹進外野手的手套裡。本來坐在看臺上等著要歡呼全壘打的球迷，捱不過失望的心情站起來斥罵：「多使點力嘛！有沒有吃飯啊你！」你當然不能回嘴也不能感到委屈，因為沒多久可能又要再度上場打擊，所以此刻只能摸摸鼻子回到場邊休息，用極為短暫的時間從周邊混亂中重新調適自己的狀態與心情。

這種日復一日的生活，讓我們理解到心智鍛鍊的第一項重要元素：「專注」。也就是把內在關注的焦點，集中在「重點項目」的能力。

我們先試著借用古人智慧，來體會何謂「專注力」的內涵。整體來說，這個概念可以用「空」這個字來形容。

（空，金文）＝（穴：洞）＋（工：人工的、人造的）

根據字源上的意思，「空」是「經過人工處理的洞穴」。換句話說，要鍛鍊專注力，其實不是硬生生地強迫自己專注於某件事物，而是反過來，將不需要關注的項目（混亂），從心智裡排除掉，內在心智才會有更多空間，來容納我們所喜愛或者需要關注的事物。

第01堂課

你用什麼餵養自己？

培養「健康的自戀」

如果你有上臺報告或演講的經驗，大概可以明白自己內在可以承受多少「觀看度」。比如一場專案報告，可能有十位主管、同事，一場演講可能幾十人或幾百人好了；在我們的生活中，大多可以預期自己表達的對象是誰，可以事先掌握他們的習性、喜好。

然而，運動員需要承受的「觀看度」，卻是很弔詭的命題。你不知道這場比賽會來多少人：可能很多，但你不能因此緊張；可能很少，但你更不能因此鬆一口氣。而且這些與你無關的人當中，有些可能是非常愛你的，但也有些人可能是要來扯你後腿的。有些人是坐在看臺上，透過陽光看著你；有些人則是在球場外的角落，透過攝影機視角，用你不知道的角度想像著你。

當你明白了這種生活，會更懂得何謂「無常」：無常不只發生在我們無法掌握的「天」，也發生於我們無從掌握的「人」。但或許也因為這樣的生活模式，運動員從很小就被訓練，把無關緊要的事物排除於心智之外，只關注在關鍵的目標上，是多麼重要的事。

而這樣的能力，往往仰賴一個「有能力運作的自我」，才得以發生。那麼，問題來了，究竟什麼樣的自我狀態，才能幫助我們執行「關注」與「排空」的能力呢？

‧健康的自戀

從許多頂尖運動員身上，我們發現一個相當有趣的現象：原來，「自戀」居然有助於專注力的養成。

聽到這裡你可能會覺得奇怪，「自戀」不是負面的名詞嗎？講到「自戀」，你可能會想到辦公室裡忙著吹噓豐功偉業的主管，或者那些自以為是萬人迷而到處劈腿的傢伙。至於「自戀的運動員」？恐怕是好不容易打了個好球，就在場上昂起脖子來發出「吼」的狂叫聲，然後環場又跑又叫吧？

如果你是這麼想的，那或許是華人的「勝不驕（不可自滿）」文化所帶給我們的包袱。事實上，基本的「自戀狀態」，其實是鍛鍊心智的過程中，相當重要的根基。

我們先回到精神分析理論的開山祖師佛洛伊德的觀點，來好好思考「自戀」這個概念。

佛洛伊德認為，在生命初期，心智狀態並不能明確地區辨「我」和「他人」，所以嬰兒往往誤以為所有的吃喝拉撒睡都是靠「我」一個人就可以滿足，和別人一點關係也沒有。這便是一種「嬰兒式的自戀狀態」：在「我」的天下裡，一切都「唯我獨尊」。然而，等到小嬰兒慢慢長大，卻逐漸發現一個驚人的事實：我的媽呀！原來「我」之所以可以好好地吃喝拉撒睡，其實是依靠「他」（父母／照顧者）才得以滿足這一切，根本不是只靠我自己。這時，幼兒的意識裡開始出現「他人」的概念，「自我」也因內心有了「他人」而隨著慢慢形成與發展。但問題來了：「我不可能只靠我自己」的意識，讓內在衝突開始發生。

人，變得既想不顧一切滿足自己的欲望，又想保護自己免於受到他人的傷害和懲罰。在佛洛伊德眼中，人的存在本身，就是這兩種本能的不斷拉扯。而「健康的自戀狀態」，則是在這種衝突感中，還能夠承認自己有所欲望，同時間也願意看見別人的好處。

具體而言，「健康自戀」是種什麼樣的狀態呢？

請先想像一下：你，正在自己的專業上，接受一場成果發表的驗收，周圍是所有你可以想像得到的觀看者，可能是你的父母、親友，你的主管、同事，或其他根本不認識的人，最後你完成了這場發表，而且你真覺得自己表現好棒，超想把自己抱起來轉圈圈的。然後臺下的人對你發問了：「今天表現這麼好，最想感謝誰呀？」你毫不猶豫地秒回：「當然是我自己呀！」臺下的人都發笑了。哎呀！怎麼沒有感謝父母、感謝老師、感謝教練、感謝主管呢？

請問，你覺得這是「嬰兒式自戀」，還是「健康的自戀」？最精確的答案應該是：不一定！

因為，「自戀」的人會在第一時間感謝自己，「自愛」的人也同樣如此。當你深刻感覺到，自己一路辛苦走來，費盡千辛萬苦才獲得某些成果，如果你夠坦率，不是本來就應該感謝自己嗎？

「健康自戀」的關鍵，在於看見自己好處的同時，也願意看見別人的好處與付出。能看見他人的好處與付出，我們的內心才有了「欣賞」與「感謝」。

沒有一個基本的「自戀」為基礎，這些發自內在的美好，便很難發生。當然，很多人為了理解上的方便，將「健康的自戀」稱為「自愛」。

殊不知，我們每個人都是從不可一世的「嬰兒自戀狀態」，才逐漸進化到有能力看見他人的。

所以說，愛自己（包含所喜愛的事物）是一種本能，對他人的理解與欣賞卻是一種學習。而我們得要先「不忘本能」，才能「引發學習」。

不忘本能，保有「純粹的快樂」

運動場上的賽事之所以引人又哭又笑，是因為我們感受到，一位運動員之所以傑出優秀，往往是因為他們毫不保留地表現出對特定事物的熱愛。

一顆小白球擊打出去，不管有沒有落地，壘上打者都拔起雙腿，一步步衝向離得分門檻更近的地方；當他們先一步踏上壘包，瞥見場邊裁判比出安全的手勢，忍不住開心地揮舞雙臂；當他們聽見場邊球迷激動的呼喊，本能地高舉脫下的帽子向球迷致意；當他們一起贏了比賽，發自內心地衝向場上，彼此衝撞地擁抱在一起……

依照運動員的說法，這種感覺叫「純粹的快樂」。

依照心理學家的說法，保有「純粹快樂」的人，或許都是還願意接納「自戀」的人。

基本的「自戀」引導你感受欲望、找到喜好，尋到值得心智關注的事物。看到這裡，不妨問問自己：此刻的你，還能享有這種「純粹的快樂」嗎？若答案是肯定的，你已擁有鍛鍊「專注力」的第一個基本條件了。

・引發學習，區分人我界限

當然，運動場也是一種職場，熱血之外也有謾罵，勝負之間必有失落：表現不好的時候，抬起頭來，場邊的球迷近在咫尺，激動一點的會直接指著你怒罵（更何況有時運動比賽還關乎彩券獎金），旁邊挺你的那派看不過去了，走出場外還可能演變成群架事件。哎呀！連自己心情都還沒來得及顧好，就得因為有人為你打架而鬧上新聞啊！

這種時候，倘若我們停留在「嬰兒式自戀」，結果可能就不妙了。因為「嬰兒式自戀」最大的問題，就是沒辦法分清楚「人我之間的界限」；換句話說，在這種狀態下我們會容易將別人的情緒當成自己的情緒，或把自己的感受擴大成別人的感受。

於是，當別人感到生氣、憤怒，我們就不自覺地把他們的生氣和憤怒吸納進心裡，甚至覺得自己該為此負責，所以「我」可能無法切換立場，去想像那些生氣憤怒的人，可能是因為踏進球場前就遇上一些讓「他」心情不好的事，或者「他」平常為人的習慣本來就如此。簡單來說，你可能只是他眾多出氣筒之一，結果你還誤以為自己對他有多重要。

這也是一種「嬰兒式自戀」：我們擴大了自己內心的恐懼不安，以至於讓別人的混亂侵入了你的心智系統。那麼，你就用無意識的恐懼不安，在心裡餵養出一隻惡魔了……

運動員說，在這種時候，要把「我」和「他人」分別開來，才能幫助你去判斷：哪些旁人的意見雖然不中聽，但其實有助於你調整改進；而有些人的意見一聽就真的只是情緒，下一場你恢復水準，他們話又整個反過來說了。

心理學家說，把「我」和「他人」區分開來的過程，就是「建立界限」的過程，知道「我」會有「好」與「不好」的時候，同樣的，「他」也是如此。這就是「健康的自戀」。

不要輕易對別人說的話對號入座，因為當你把「我」和「他人」分開來，就會發現「專注力」的存在，是為了讓「我」親近本能欲望以感到快樂，而不是為了向「他人」證明自己。

你願意接受這種心態的學習與練習嗎？

如果答案是肯定的，你又更有本錢鍛鍊「專注力」了。

實作練習01

健康自戀

「健康的自戀」包含兩個條件：可以看見自己的好（我好），同時也可以看見別人的好（他也好）。你可以試著用下列的檢核表（表一），來評估自己在這兩個向度上的心態。

只看見自己的好（我好），看別人卻怎麼都不太好（他不好），偏向「嬰兒式自戀」心態。所以當別人沒辦法看見自己的好時（比如：覺得自己不被尊重），比較容易產生負面感受，而影響我們對工作的專注度。

反之，只看見別人的好（他好），看自己卻怎麼都不太好（我不好），則容易陷入「自卑情結」，也就是擴大自己不好的地方，而這往往並非事實。在這種狀況下，容易過於在意他人眼光、為別人的期待而工作，自然有礙於對喜愛事物的專注。

倘若在自己和別人身上都看不見好的地方呢（我不好，他也不好）？做起事來往往提不起勁，當然就缺乏對事物的熱情與活力了。

想要真心享受喜愛的事物，便要擁有一副能看見自己和他人好處的眼光。明白這一點後，你可以從日常生活相處的人著手，挑選出幾個對象，把你和他互動時發現的好處與優點，一一記錄下來。

請記得：這是一份給你自己的挑戰與練習。請時時提醒自己：不是沒有「好」，只是我還沒看見而已。

表一：自戀與自卑情結的心理狀態

他＼我	好	不好
好	健康自戀 （我好／你好）	自卑情結 （我不好／你好）
不好	嬰兒自戀 （我好／你不好）	憂鬱情結 （我不好／你不好）

第02堂課

大腦想的和心裡要的可能不一樣

「執著」不等於「專注」

先前我們提到，培養心智上的「專注力」，某種程度也是在培養自己有能力將不需要的項目，從心智中排空出去。

然而，在現實生活裡，卻常常聽到許多人埋怨說：我也想要好好做一件事，我也不想分心，但就是很難做到，某些人事物、感覺或思緒就是一直跟著我，怎麼甩都甩不掉啊！

這種時候，常常是因為我們忽略了一個問題：你的腦袋以為自己喜歡、想要的，可能和心裡渴望的不一樣。

「心」和「腦」無法同步並行的結果，使我們的心智不知不覺地耗費過多力氣，進行兩個自我之間的爭戰。

・心智的兩個功能：「快思」和「慢想」

我們先來想像一個畫面：你走在路上，突然出現了一個持刀的男人，快步跟在你身後……

當你注意到這個男人的存在，可能會馬上出現警覺心，因為你感覺他可能會拿刀對你不利；你不需要太多這個男人的資訊，就會自然而然地如此聯想，防衛的感覺也就這麼產生了。

這，就是我們心智中的第一個自我，它的特點是反應速度非常快，不須花太多力氣，所以它常常是一種不受我們自主控制的自動化反應。

心理學家康納曼（Daniel Kahneman）為它取了名字，叫做「快思」。

當你警覺到這個男人可能對你有危險，開始伸手往包包裡尋找可以用來對抗危險的物品，一邊留意男人的動作去向，腳步也逐漸變得謹慎而加快……最後，你發現這個男人彎進了旁邊菜市場的豬肉攤，這才恍然大悟，原來男人之所以手持著刀，是因為他是賣豬肉的攤販。

這，則是我們心智中的第二個自我，它的特徵是需要特別花力氣、動用更多注意力，去進行較為複雜的心智活動。

心理學家康納曼也為它取了名字，叫做「慢想」。

現在你知道我們心裡住著兩個「我」，分別是「快思」與「慢想」。「慢想」因為需要耗費比較多力氣，所以有時也會懶惰，不想花太多心思。但偏偏某些關鍵工作只有「慢想」才辦得到，特別是當我們要抑制「快思」的直覺衝動時，通常得要「慢想」多費點功夫才行。

所以，如果「快思」和「慢想」能夠同時專注在一件事情上，那真是一種完全不用費力的美好經驗，我們會深陷其中，完全忘了時間的流轉。這就是專注力的最高境界：「心流」體驗。

但「快思」跟「慢想」的欲求方向如果打架呢？我們自然會因為這兩個「我」合不來而耗費諸多心力，感到特別疲累。

為什麼萬事起頭難？

我們來想想，「快思」和「慢想」何時會因欲求不同，而陷入合不來的不一致狀態呢？

最常見的情況是，當我們接觸新事物的時候，由於「慢想」已經啟動專注力，想要關注在新事物上，但「快思」卻因為對新事物不夠熟悉，而無法順利啟動自動化運作的功能。當「快思」無法自動運行時，「慢想」需要耗費的心力就愈多，有時甚至還得處理「快思」的直覺衝動所製造出來的麻煩。

這感覺就像某天你比平常早下班，想改走一條陌生的路來看看風景，但車子開著開著，經過平常熟悉的十字路口，紅燈亮起，你停下車，放空望著眼前的景物；綠燈後的瞬間，你卻又自動開進那條平常熟悉的道路，而非你原本想去的陌生道路。

所以，對於剛接觸的新事物，我們該怎麼保持專注力呢？很簡單，在初期多花點時間心力去熟悉它，等到你對這件事物的理解，已經充分到足以讓「快思」啟動它的自動化功能時，「慢想」就不需要再花那麼多心力，去維持對新事物的關注了。這就是「萬事起頭難」，但最後終將「駕輕就熟」的原理。

換句話說，回到上述開車的例子來看。如果你真的想要走上陌生道路、看看全新的風景，而「快思」卻不自覺地引導你又走回了老路，可不能全順著它，或聽從「慢想」的惰性：「唉，那就算了吧！下次再說。」你可以多花一點點心力，再繞回去原本的十字路口，開上本來想走的陌生道路，這樣才有機會真正去接觸到那些陌生的風景。

也許，才多花這麼一點時間，你卻看見了意想不到的風光。而逐漸地，那條陌生的路，搞不好還變成你心情煩悶時，非常重要的一條祕密通道。

這就是為什麼，在還沒筋疲力竭之前，我們總是要告訴自己：「再努力一下。加油！」

這句「加油」，是喊給「慢想」聽的。

「惰性」以外，還有「慣性」

聽完「快思」和「慢想」的故事以後，你可能會發現，「慢想」雖然聽起來很像一個辛苦又偉大的英雄，但它也是有所限制的。

比如先前提到的「惰性」。我們得要想些方法，來幫它撐過還沒能夠與「快思」同步的初始時刻。

「慢想」的另一個限制，則是「慣性」。尤其當「慢想」和「快思」同步久了，契合到難分難捨上了癮，就可能因為這既有的慣性，而誤以為自己始終貪戀在原本的關注當中。所以當「慢想」被新事物吸引時，不一定只因為「惰性」所以不去付出新的專注；而是因為「慣性」的存在，害怕失去與原本習慣的舊事物同步的感覺，所以卻步了。

然而在這種時候，由於欲求已經發生，「慢想」反而需要付出額外心力，去抵抗新事物的吸引，以強迫自己把關注力拉回到既有事物上，但此時我們對於舊事物的喜好與關注，其實已經不如以往了，我們的心智也可能因為無法獲得真正的專注，而感到莫名煩躁。

這就是我們的「心」和「腦」無法合一的時刻：你覺得你「應該」如此，卻沒有發現，其實你已經「不想」如此。

於是我們的心情也可能受到影響。而在心情不好的狀況下，別說是「慢想」了，連「快思」的功能都很難正常啟動，你再怎麼想讓自己專注於什麼，好像都難以辦到了。

於是我們可能責怪自己：我怎麼這麼不專心啊！怎麼沒把自己本分做好啊！卻沒發現，這只不過是因為，我們的心智正逐漸轉變成另一種新的樣貌。

我們對事物的喜好，常常會隨著年紀、經驗與時下流行，而產生質地上的變化。當我們期待自己當一個有「專注力」的人時，也要記得好好聆聽內心那份「無法專注」的聲音。

全心全意時，我們享受當下的自己。

無法專心一意時，我們則試著學習看見新的可能性。

實作練習 02

快思與慢想

檢視手邊正在進行的工作項目，依照你的主觀判斷，將它們分類成從事已久的工作項目（既有事物），和剛進行不久的新工作（新事物），並且逐項填入下列表格中（表二）。

例如：既有事物（從事已久的工作）包括打棒球、體能訓練……新事物（剛進行不久的新工作）則是寫作、念研究所……。

接著，請以1～10分來評估你進行這些工作項目時，「快思」（不用花太多力氣就能自動運作）和「慢想」（需要稍微花些心力進行系統性思考）的功能運作分數，填進表二。

例如：「打棒球」這件事因為已經習慣成自然，閉著眼睛也能揮棒，所以「快思」為10分；但因為打棒球的每一天，都可能面臨不同狀況，需要花些時間蒐集對手情資、研究對策，因此「慢想」為8分，那麼，這個項目的總分為10＋8＝18分。但「體能訓練」這個項目，因為訓練內容都差不多，所以「慢想」僅3分。其餘工作項目的評分方式，依此類推。「快思」分數代表你對這個工作項目的熟悉度、「慢想」分數代表這個工作項目帶給你的挑戰程度，而兩項總分愈高，達到「心腦合一」的專注之可能性就愈高。

自評分數後，你可以回頭檢視手邊的工作項目，並且參考「快思」＋「慢想」總分，來考量各個工作項目在時間分配上，是否有需要重新調整的地方。

表二：「心腦合一」檢核表

功能評分／分類	工作項目	持續了多久	快思（自動化思維）	慢想（系統化思考）	總分「快思」+「慢想」
既有事物（舊經驗）	(例) 打棒球	____	10 分	8 分	18 分
	(例) 體能訓練	____	10 分	3 分	13 分
	A. ____	____	____分	____分	____分
	B. ____	____	____分	____分	____分
	C. ____	____	____分	____分	____分
新事物（新經驗）	(例) 寫作	____	6 分	10 分	16 分
	(例) 念研究所	____	3 分	10 分	13 分
	A. ____	____	____分	____分	____分
	B. ____	____	____分	____分	____分
	C. ____	____	____分	____分	____分

以1～10為各工作項目的心智功能評分

第 03 堂課

有點難又不會太難

維持專注力的「補彈論」

接下來我們要談談，如何在喜歡的事物上，維持一定的專注度？

請回想一下，我們先前談過的「空」這個字的字源概念。空，是指一個人工處理過的洞穴。恰似「專注力」的內涵：把不需要的項目從心智裡排除掉，才能讓心智有更多空間，來容納我們真心喜愛的事物，沉浸在其中體會「心流」的感受。

然而，心理學卻說，我們全心喜愛的事物，即便能達到像「心流」這樣的內在最優體驗，但要是上了癮，卻還是可能會產生問題。如果我們僅僅因為專注於某項事物，才能產生心流的快樂感，將會不知不覺將自我侷限在一種狹隘的體驗中，逐漸失去用其他方法來處理問題的能力。

這意思是說，如果你喜歡寫作，就一直寫，不間斷地寫，每天什麼都不做只寫作；或者你喜歡打球，就一直打，不間斷地打，每天只知道打球……或許你會覺得過得滿開心的，但未來總有疲乏或失去新鮮感的一天。這其實是我們的心智只關注單一事物而變得狹隘，失去了容納其他新事物的可能。

明白這個道理之後，我們就能理解，為何某些工作一開始明明很喜愛，專注做了許久以後，它好像也仍然是個還不錯的工作，但你卻開始感到有些疲乏、興致缺缺。這往往是因為，不管有多喜愛這份工作，想要維持一定的「專注」，還是需要花一些心力的。

對喜愛事物的多層次體驗

有句話說：「平凡就是福。」這似乎代表了某部分的傳統價值觀，反映出人們想要追求穩定生活的嚮往。現代人平均壽命愈來愈長，周圍環境充斥各種先進的科技產品，倘若我們想要過上平凡穩定的生活，比起早期社會的先民實在容易太多了。然而，很多時候，我們雖然渴望「能夠輕鬆過日子」，但真實的狀態卻是「因為刺激才感到快樂」。

在心理上，我們可以用「注意力疲乏」的概念來看待這個現象。就像你的眼睛老是盯著同一個地方，看久了眼睛自然感到痠痛，再怎麼好看的東西也變得模糊不清。這個時候，我們就得停下來看看遠方，幫眼睛點點眼藥水，補充一些新的能量，才有辦法回過頭去看原本那個地方，是不是還值得你停留那麼多專注？也許眼睛重新恢復明亮後，在原來的地方發現一些本來沒看見的好東西；又或者，你看得更清楚，原來的專注點其實已不再吸引你了，那麼，你正好可以挪動身子，前往其他更有趣的地方。

因此，要維持興致高昂的專注力，我們得要先留意自己「注意力疲乏」的時刻，並且在這種時候學習為自己「補充能量（轉移新目標）」或者「補充彈藥（在原有事物上加入新刺激）」，來延續自己對於某項事物的喜愛。

・「加法」比「減法」更能使人專注

以電腦遊戲來說，玩家初接觸時因為不熟悉，闖關總是失敗居多，所以很容易花上大把時間沉迷於研究遊戲關卡的密技。接下來，因為技巧愈來愈熟練，闖關速度跟著愈來愈快，所花時間也逐漸變少，這遊戲似乎就開始少了點吸引人的樂趣。

遊戲公司非常瞭解這種使用者心態，所以很清楚要在哪些時候，為遊戲更新關卡並加入更複雜的挑戰。玩家本來已經因為缺乏刺激，而開始興致缺缺，沒想到遊戲公司一出新招，他們又不由自主地投入研究新關卡的破解……如此一次次反覆循環，新刺激帶動了新的挑戰與新的反應，使玩家一再陷入遊戲的專注中，幾乎無法自拔。

遊戲中的玩家，就好比我們的大腦，喜歡接收新鮮事物；缺乏刺激的大腦，遇上新事物便開始活躍起來。我們試著把這種「提供新鮮挑戰」的概念運用到生活中：實際可用來協助我們處理注意力疲乏的方法，便是在這種時刻，能夠適時使用一些為注意力「補彈」的技巧。

問題又來了，什麼樣的「子彈」能重新引發、維持我們對事物的專注呢？首先，我們要先能評估出一條基準線，知道什麼樣的事情對我而言是「困難」的？什麼樣的事情會被我定義成「簡單」？當我們理解自己對於挑戰的難易承受度之後，接下來便要在原本專注喜好的事物上，添加一些「有點難，又不至於無法達成」、「有點簡單，但也不會一下子就辦到」的挑戰。

你想，如果你去找來的新刺激，一看就覺得難得要命，可能就連嘗試的意願都沒有了；如果找來的新刺激太簡單呢？那大腦還不是一樣昏昏欲睡，根本就叫不動！所以，「有點難，又不會太難」、「有點簡單，又不會太簡單」，就是「補彈」的最高指導原則了。

像這樣的適當刺激，一方面可以讓我們看見清楚明確的目標，一方面又能在前進的過程中讓我們有種需要克服顛簸的挑戰感；而當你好不容易費了番工夫，又因為能順利清除障礙而浮現滿滿的成就感，不會因過於挫敗而想半途放棄。正是這種「剛剛好」的難度，才能讓我們一路廢寢忘食地前進，一點兒都不覺得無聊。

我們試著把這個概念放進實際的工作流程來看：當你覺得工作有點無聊的時候，便可以在原本熟悉的流程上，提高它的難度，讓目標變得不是那麼輕易就可以達成。

比方說，如果你是個有多年教學經驗的小學英文老師，教材似乎老是一成不變，教來教去都差不多，實在是太無聊了；這個時候，或許你可以啟動跨學科合作，主動找表演藝術科的老師來協同教學，要學生運用原本教材，演出一場《哈利波特》的英文戲劇。如此一來，周圍的場域和硬體設備雖然還是一樣，卻因為加入「新鮮的刺激」而引發了「有難度的挑戰」，最終你又可以重新專注地投入到原本喜愛的教學工作上。

這，就是維持專注力的「補彈論」了。

工作疲乏時，「休息」也許是個方法，但有時「偏不休息」的骨氣，卻可能幫助我們從專注的疲乏進入到一個全新的轉機。

已經在職業棒球領域打球十多年的十六號選手，就時常靠著「補彈」的概念，來維持自己在球場上的專注度。接下來，我們就來看看二〇一七年五月，一場職業棒球季賽的例子。

這天，十六號選手在出賽前，發現自己四壞球保送上壘的次數，接近當時中華職棒 Lamigo 球隊一位球員所保持的紀錄：跨比賽場次的連續六個打席，被投手四壞球保送上壘。十六號選手評估自己當時的狀態，心想應該有機會挑戰這個紀錄。

然而，在這種情況下，如果要挑戰紀錄，人家的原始紀錄是六，那麼設定七不就破紀錄了嗎？但十六號選手卻偏偏為自己訂下不同於一般人思維的挑戰：我不要只是挑戰剛剛好超越「六」，而是「再更難一點點」……是的，他將這個挑戰的目標設定在「超越六之後的數字七，再加一」，也就是他想要挑戰連續「八」個打席四壞球保送。

如果你常看棒球比賽就會知道，想要連續八個打席都能選到四壞球保送上壘，這是多麼不容易的一件事啊！一場比賽，就算你從頭先鋒到尾，幾乎無法打到八次了，所以八個打席可是要比賽跨場次，又得挑戰好幾位投手，才可能辦得到呢！

然而，你猜這場自我挑戰的結果是什麼？結果是：十六號選手歷經了五位投手，從他們手裡耐心地選到一次又一次的四壞球保送上壘，最後他居然成功挑戰了心中設定的數字「八」，並且，至今還無人破得了這個紀錄。

這種為自己增加一點小小難度去挑戰的感覺，就好像在原本熟悉的職場上，添加一點與自己「搗蛋」的元素在裡頭：有點難，又不會太難，想起來不會壓力太大，反而讓人感到有點興奮。就像是十六號選手對自己當時體能狀態的充分瞭解，在身心協調下，他選擇為自己多設了一點難度，使得專注力大幅提升，產生更高昂的動力去面對挑戰。達成目標後，他內心有種征服的快感！

面對倦怠、提不起勁，也許很多人會說，請使用「減法」來降低身心負擔；但依照「心流」的概念，也許以「加法」提高挑戰性，反而幫我們找回在舊事物中享受快樂的動力。

這絕對不是給自己找麻煩，而是懂得讓自己進入更理想、更有活力的狀態，以便能更專注、更遊刃有餘地執行工作，實踐我們人生的興趣。

實作練習 03

鍛鍊心流

檢視你手邊正在進行和短期內正計劃進行的工作項目，將它們列下來；接著透過下列檢核表（表三），一一檢視你在這些工作項目上的專注狀態。

當你將工作項目自評為：工作挑戰性高，但你對這個工作所需要的技巧掌握度亦高，便是可帶來心流體驗的「高專注力」項目（如B所示）。你可以持續使用這個章節提供的方法，來使這個工作項目保持在「有點難，又不會太難」的狀態，那麼你的信心與成就感也將持續增加。

當你將工作項目自評為：工作挑戰性高，但你對這個工作所需要的技巧掌握度偏低，則你可能因為焦慮感而在這些工作上無法維持良好的專注力狀態（如A所示）。此時，你可以搜尋幫助掌握工作技巧的學習管道，持續練習，以減低工作困難所帶來的壓力；當你覺得自己愈來愈能勝任這種高挑戰度的工作時，專注程度也會跟著提高。

當你將工作項目自評為：工作挑戰性低，但你卻能高度掌握這個工作所需要的技巧，那麼就要小心，你可能會在這些工作上感到有點兒無聊乏味，這個狀態就是需要「補彈」的時機了（如D所示）。你可以參考這個篇章所提供的「如何增加工作難度」的方法，來提升工作帶給你的挑戰性，將有助於加強你在這些工作上的專注程度。

當你將工作項目自評為：工作挑戰性低，而你對這個工作所需要的技巧掌握度也偏低，那麼這些工作項目可能就已陷入一種停滯不前的狀態（如C所示）。你可嘗試透過進修充電來提高自己的能力，同時增加工作難度來刺激工作帶來的挑戰性。倘若這兩個方法都不管用，或許就要思考這些工作項目是否真的適合你？或者其實已經需要做一些轉換？

表三：專注力檢核表

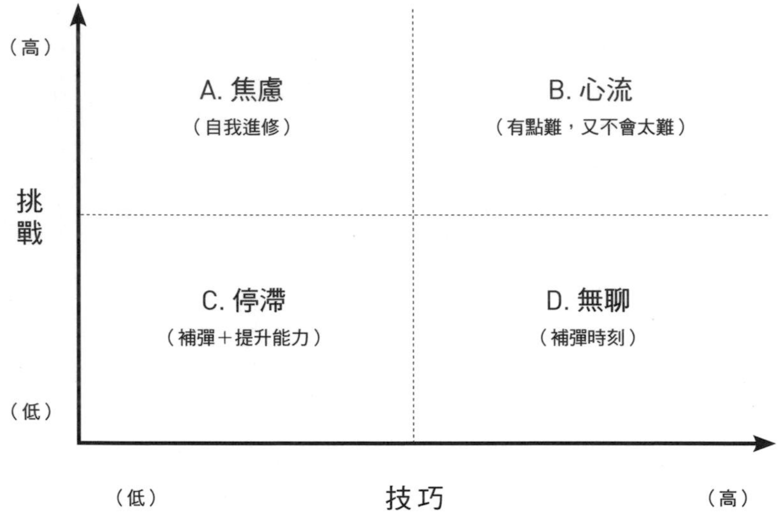

第04堂課 把「玩心」找回來

以樂趣提高對事物的掌控感

如果要用一句話來形容「專注力」，指的大概就是一種心智各方面都充滿「和諧」的狀態。

在這個狀態下，我們的腦與心、想法和感受，都一致地朝向某個目標前進。逐漸地，心智發展出一種有條有理的秩序性，讓我們對正在進行的工作有種可掌控的感覺。

於是，我們有能力主導自己的注意力，也是自我心智的主人。哎呀！這就好像活在世界上，呼吸每一口空氣都顯得那麼美好。

然而，你還有沒有過一種經驗？面對明明很重要的工作，卻無精打采提不起精神，彷彿無法支配自己的注意力，甚至是不可控制地去留意那些平常不會放在心上的負面訊息……

這種無法好好專注於所喜愛的事物，以致心智能量低迷的狀態，心理學上稱之為「精神失序」。

咦！這是怎麼了？何以人會變成這樣？

答案很簡單，很多時候，是因為「心裡有事」而已。

「心裡有事，卻不覺得自己有事。」這為我們帶來的是莫名煩躁。如果硬要自己專注工作，是一種勉強，需要耗費額外心力去壓抑某些感受，人也就會感到特別疲累。

「心裡有事，而事情卻無法獲得解決。」這為我們帶來的是挫折沮喪。在工作時可能心情低沉或強顏歡笑，工作結束後照樣疲累上身。

這兩種狀態，都有礙於我們心智專注的程度。更何況這些「心事」有的可能才剛發生、有的卻可能歷史久遠，對我們產生的影響或許不是三兩下就可以輕易了結的。

如果你已經意識到這樣的狀態，我們當然會鼓勵你：可以的話，不妨先嘗試去解決這些「心事」。然而我們接下來要實際探討的，則是當這些「心事」無法在短時間內解決時，還可以做些什麼來維持心智的專注呢？

什麼都沒有，也可能變得什麼都有

清朝末年，中國有個傳奇商人名叫胡雪巖，他出身貧寒，小時候放牛維生，後來進到錢莊打零工、幫忙倒尿壺，沒想到日後卻靠著傑出的商業謀略，賺進了三千萬兩白銀，換算成現今貨幣，約莫是新臺幣一千七百億。

這令人咋舌的成績是怎麼辦到的呢？主要是因為胡雪巖相當有知人之明，總是結交到對的朋友、投資在對的人身上，可謂中國當代最會使用人脈的第一把交椅。然而，我們這裡特別要提起的，卻不是胡雪巖到底怎麼看人，而是他所使用的商業技巧。

根據歷史記載，胡雪巖發跡的招數主要有兩種，一招是「同業拆借」，另一招叫「同業堆花」。首先，胡雪巖交往一個原本落魄官場的朋友王有齡，看好他未來必有出息，果然王有齡接管海運局成了大官，胡雪巖便依著王有齡這個靠山開設了自己的錢莊，以官款的名義向同業借貸，再使用官款去做生意，賺錢後再拿回來還給官府。這招，便是「同業拆借」。

用現代的眼光來看，這豈不就是官商勾結嗎？但胡雪巖卻這樣從王有齡，一路攀到大將軍左宗棠，累積了數算不完的財富。

還好，胡雪巖是個非常講信譽的商人，有借必還，所以同行也都喜歡與他信用往來。據說，每當胡雪巖的錢莊開幕時，前來送禮金的同業可多了，擺得整個櫃檯都是白花花的銀兩，而這樣大的排場自然吸引更多人來投資。這招，就叫「同業堆花」。

胡雪巖就靠著這兩招商業伎倆，人幫人、錢滾錢，在沒有本金的狀況下，白手起家，開創出一座商業帝國。

・一起「玩」的同好，加上一連串「好玩」的回憶

聽完胡雪巖的故事後，我們試著用「同業堆花」的概念來想想，怎麼在一個什麼都沒有（心智能量低落）的局面下，提升自我的心智專注能力呢？

首先，你可以去尋找一些和你有共同目標的「同業」。依照訓練專注力的角度來看，這個「同業」是指和你有共同喜好，可以一起「玩」得起來的人。

想想我們一開始談的，為什麼會能量低落、無法專注呢？因為心裡有事，才讓原本喜歡的事情變得「不好玩」。你自己覺得不好玩了，沒有關係，只要想辦法先依附那些比你還會玩的人，不就得了嗎？

只要是目標一致的「同業」，你不妨先在旁邊看他們玩，看著看著，也許你就想要跟著跳下去玩。

心理學家米哈里・契克森米哈伊（Mihaly Csikszentmihalyi）曾經做過一個有趣的研究，他說：不管是青少年或是成人，不論是中年族群或退休夫妻，我們與朋友相處時的情緒，往往比和伴侶、孩子以及其他所有人相處時，來得

更正向、更快樂。這背後的原因，就是朋友之間常常有「共同的目標」、「共同的活動」，使得彼此相處更加自然愉快。

所以，尋找和我們有「共同目標」、「共同喜好」的朋友，實在是幫助「專注力」回復正常水平的一項好方法。

至於「堆花」的概念，又可以怎麼使用呢？

用心智的角度來思考，有助於提升專注力的「內在資產」，其實不外乎是一些我們曾專注投入某些事物的「好玩的記憶」。

比如：下棋、彈琴、種花、閱讀、打電動……它們可能不見得是非常偉大或多麼了不起的事，但在這過程中，你可以感受到一種忘卻時間、渾然忘我的體驗。你可能已經做這件事超過五小時，感覺上卻好像才過了不到二十分鐘。

把一個專注投入的小體驗和另一個專注投入的小體驗堆在一起，最後不知不覺地，就像連起一根烤肉串，發出令人垂涎欲滴的香氣。

心智從一些微小的地方，重新體驗到全心投入的感覺，將有助我們內在的精神秩序進行重組，回復到可以專心工作的水平。

這就是為什麼，從事某些令自己感到「放鬆」的活動，對於學生和上班族來說，如此重要。

「樂趣」是專注的前提；有了樂趣體驗，就能提高對事物的掌控感。

當然，透過外在人事物來提升樂趣的同時，最終也別忘了，要花些時間去處理那些放在心裡的事。

實作練習 04

找回玩心

從日常生活接觸的人事物中，找出與你有共同目標的「同業」（同好者），以及你感興趣的各種大大小小事物，將這些人事物的名字與名稱，分別記錄在下列表格中（表四）。

接著，思考你寫下來的每個人名和每項事物為你帶來的樂趣，以及你需要在這些人事物上付出的心力，並以1～10進行評分。

最後，參考你的自評分數，反思每個項目對你的意義，並做開放性記錄：你是重視工作樂趣的人，還是更重視工作挑戰性的人？對你而言，什麼樣的人事物才得以引發你真正的「投入」呢？

表四：玩心來源評估表

效果值／玩心來源	樂趣獲得（樂趣）	心力付出（挑戰）	反思紀錄
同業（同好者）	(例) 王小明 __10__ 分 (例) 張大偉 __10__ 分 A. ______ ____ 分 B. ______ ____ 分	(例) 王小明 __10__ 分 (例) 張大偉 __10__ 分 A. ______ ____ 分 B. ______ ____ 分	
堆花（心流記憶）	(例) 打電動 __8__ 分 (例) 唱歌 __8__ 分 A. ______ ____ 分 B. ______ ____ 分	(例) 打電動 __3__ 分 (例) 唱歌 __6__ 分 A. ______ ____ 分 B. ______ ____ 分	

以 1～10 分為玩心來源做評估

PART

2

恆毅力

持續朝目標邁進的能力。

人們面對生（職）涯時，常常有一種在愛情中也會出現的迷思：年輕的時候，我們可能幻想著一見鍾情，想像在一眼之間就能找到命中注定的對象；或是想像在某個雷電的瞬間，那個值得我們投注一輩子的天職，就這樣撞進自己的生命裡。

然而，擅長將科學應用到社會以及生活的美國心理學家貝瑞・史瓦茲（Barry Schwartz）卻說，所謂命中注定、唯一最愛的完美對象與工作，其實只是不切實際的期待，因為「興趣」就和愛情一樣，最初僅來自於一點點的好感與發現，接下來卻需要大量的培育與發展，和願意付出一輩子的深耕，它才會逐漸停留在我們心底，形成一種真正的「命定」。

現代人喜歡稱此為「天賦」，但依照史瓦茲的說法，所謂「天賦」的真相，其實是一種不斷催眠自己去喜愛上某些事物的過程。

這個說法有沒有道理呢？十六號選手和心理學家忍不住也回顧自己的人生。好像真的不是還在吃奶的時候，就跟媽媽吵著說要打棒球；當然也不是從一開始念書，就決定要走心理諮商。人生最奧妙之處在於，某些關鍵時刻，生命裡就是會突然出現一些新事物，產生某種好似要把你靈魂勾去般的吸引力；但直到真正出手決定要把它「抓住」前，它們確實都只是過客。

人之所以能把「瞬間」轉化成「永恆」，現代心理學找出了「恆毅力」這個關鍵，指的是心智結構中那份尋找與實踐自己天賦的重要能力，它代表我們內在一股堅持到底、永不放棄的精神。

我們試著拿「棒球」來做比喻，你知道這是多麼困難的運動嗎？一顆棒球的直徑約莫是七點三至七點五公分，但依照棒球規則，球棒最粗的地方卻不可大於七公分。想想，拿七公分的細長物（球棒）去擊打一個超過七公分且渾圓厚重的球體（棒球），實在不是件容易的事。

所以說，一個頂尖棒球選手，打擊率再高也不過三成多，那表示他在比賽場上每揮擊十次就會出現將近七次失敗，揮擊一百次則會失敗將近七十次，一千次就要承受近七百次失敗……

當一位運動員選擇投入棒球運動，就得要有心理準備，每天面對這種高失敗率的打擊；但一名以棒球為職業的選手，卻不是因為天生帶有永不放棄的精神，反而是因為棒球，才學會不要輕易放棄。

如果我們再次借用古人的智慧來談「恆毅力」，「放棄」與否，便是其中最重要的內涵。至於「棄」這個字的字源拆解，又是什麼呢？

（棄，甲骨文）＝（子：幼嬰）＋（其：即「箕」，竹框）＋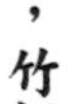（雙手）

「棄」的字源意思是：一個人的「雙手」，端著裡頭裝「小孩子」的「簸箕」。它背後述說一個悲慘的事實：人們會把夭折死亡或養不起的小孩兒（尤其是女嬰），包好後放入簸箕，雙手捧著拿到水邊淹死。

這種故事在早期社會時有所聞，家境貧困的父母因為生存壓力，逼不得已得親手把剛出生卻無力撫養的孩子裝進竹簍，即便流著不捨的眼淚，也要狠下心腸把孩子淹死在水裡。

理解這個字的意義後，每當球打不好而浮現「放棄」的念頭時，十六號選手總會想起「棄」字背後的故事：如果，我就停在這裡，不再繼續追求所熱愛的事物，那麼，就好像親手把內心的夢想丟進水裡，看著它活活淹死。原來，「放棄」的意義不只是「停止不動」，還代表我們對於自己內在熱忱的埋葬。

知道這個典故後，一次次想像那個畫面，才發現原來我們只要起心動念，就不會想把夢想淹死，為它唱輓歌。很多時候我們可能只是累了，但心裡並沒有真正想要放棄。

當然，人生還有些時刻得要面臨「不得不放棄」的選擇，但在我們的經驗裡，這可能只是一種「策略性放棄」。有時你會覺察到，自己的關注已從「重要項目」轉移到某些「次要事情」上，你可能就必須停下來重新思考：難道我的夢想隨著時間產生質變了嗎？或是我內心對於這些事情和項目的排序，需要調整了嗎？抑或我真的是分心了，需要割捨那些「次要」、「非必要」，來回到目標的主軸呢？

「永不放棄」這個概念本身，不是僅僅在談論一種「挺身而進的蠻力」，還得搭配上「放棄的策略」，才能換取更多時間的自由，來完成心的方向。

想著所欲求的目標，固然可以讓我們有動力前行；但想著達不到喜愛事物的後果和意義，卻也可以阻止我們後退的腳步。

前行時，累了，可以停下來休息，卻不輕易後退，直至下一次前行。原來所謂「恆毅力」，是由這樣一連串的自我想像，才組合起來的。

第 05 堂課

棒球的一〇八條縫線

創造一〇八種刻意練習的方法

硬式棒球，俗稱「紅線球」，是以軟木、橡膠等類似材料為內芯，由兩片牛皮或馬皮緊緊包紮縫合而成。球面上的一〇八針縫線，是它最大的特徵；這些紮實的縫線可以增加棒球的摩擦力，使投手易於投出想要的球路。

因此，當你將棒球緊握在手裡時，幾乎可以感受到，那精密設計背後，其實傳遞出沉甸甸的心意。

不僅如此，想要把棒球這個困難的運動給練起來，也要付出許多心意才行。一〇八針縫線，就像我們在面對自己所喜愛、所渴望的事物時，所需付出的一〇八種努力。很多時候你就是得懷抱著這樣的精神，忍受別人可能完全不能理解的折磨和不知要努力到何時的未知感，才能抵達自己設定的目標。

・先有「渴望」，才會願意「嘗試」

二〇一九年夏天的花蓮縣光復國中棒球場，一群身著藍色上衣、白色棒球褲，小腿包覆著黑色長襪的年輕孩子，正在場上進行打擊練習。

只見擔任投手的少年高舉雙手，把棒球一顆顆遞進自動發球機；機器的嘴巴便一次次將它吸進體內的棒球吐送出來，形成一道道彎向打擊少年的美妙弧度。少年眼睛緊盯著白色球體，在它即將墜落地面前，用球棒的力量將它再次擊向天空。站在數公尺外的教練，嘴裡像是唸著要讓少年功力倍增的咒語。

偌大空間裡，除了偶爾傳來教練指導的話語，就只剩下球棒與棒球碰撞的鏗鏘聲響：乒！乒！乒！……

以一種循環式的規律，在炙熱的陽光底下，重複響了好幾個小時。

此時，心理學家和時任總教頭的前職棒選手羅教練，正靜靜坐在場邊觀察這畫面。她心想：這群不過十三、四歲的野性少年，怎有耐心放著大好的暑期時光不出去玩，天天在這兒反覆練習這樣規律無趣的動作？

突然間，打擊區站上了一位個子特別高的少年，當他揮汗如雨時，摘下棒球帽露出一頭挑染紫色的髮。心理學家見少年一副特別「sedo」過的模樣，忍不住轉頭問羅總教練：「教練，我看他打扮和其他人不太一樣，是家境比較好的孩子嗎？」

沒想到總教練卻悠悠地回話說：「這是之前練投受傷的小孩，因為傷沒辦法完全好起來，一度放棄棒球，結果去外面交到壞朋友，已經四個月沒來練習了，最近才剛被我們勸回來改練打擊。」

聽到這個與自己想像截然不同的答案，心理學家趕緊閉上外行人的嘴巴，卻突然理解了在這個小小的棒球場上，孩子們為何要如此賣力地擺動肌肉，任由地上的紅土在他們撲向壘包時，沾滿自己的雙腿？

因為，那背後有著成為棒球選手的夢想，以及將自己帶出偏遠鄉野，走向更好經濟能力的未來目標。

那份對於具體目標的「渴望」，就是形成「恆毅力」最重要的基礎。當我們明確知道自己「想要」的是什麼，就會願意嘗試至少一〇八種可能幫助我們達成「想要」的方法。

渴望的事物，不能太過抽象

即便我們知道，人要先有渴望，才會願意付出努力；但腦袋裡卻可能不自覺地浮現出許多明明渴望，也付出努力，最後卻還是失敗的例子。

但這大多不是因為我們的「能力」出了問題，而是「渴望」不夠明確具體。就像你問人：「你未來想做什麼？」他卻回你說：「我想出人頭地。」「出人頭地」本身，就是一種太過抽象的渴望。它之所以抽象，是因為實踐「出人頭地」的方法可能有成千上萬種，因此變得不容易聚焦，好像這樣做可以，那樣做也沒有不行，於是我們付出努力的過程，就會因執行的可能性過多，而陷入不知如何前進的迷霧中。

所以，想要培養「恆毅力」，設定出愈具體的目標，能幫助我們愈有耐心、愈能找到方法，往這個具體目標前進。

設定「具體目標」的高手之一，我們會想到日本職棒領域中，投打雙修的「二刀流」選手大谷翔平。年紀輕輕的大谷翔平，大概是近來最受矚目的球星，他能投又能打，不管是在打擊區或投手丘上，表現總是讓人充滿驚喜。然而，會有這樣優異的成績，其實早在大谷翔平的預期之內，因為心思縝密的他，老早為自己訂立專屬的棒球目標，並把如何達標的方法都詳列出來，時時提醒自己要依計畫前進。

能培養出這樣具體、規律的達標方式，大谷翔平受到也曾是棒球選手的父親大谷徹影響甚深。國中時，父親是大谷翔平的球隊教練，對他要求相當嚴謹，例如：投球時得精確握在棒球縫線上、打擊時必須掌握球棒的中心點……

看來好似只是普通的基本要求，但能確實做到這些小事，卻為大谷翔平的職棒生涯打下相當重要的基礎，也讓他念高中時，就透過「精確目標法」，將自己送向通往世界之路。

大谷翔平的「精確目標法」，做了什麼呢？

高中時，就讀於棒球強校花卷東高校的他，心中有個想要超越的學長菊池雄星。菊池雄星加入日本職棒時，曾被六個球團選為第一指名，在當時，這已是十分了不得的事。因此企圖心旺盛的翔平，望著每天繫在心上的菊池雄星，從高一就為自己設定未來方向，接著透過「曼陀羅九宮格思考法」，把達成目標所必須要做的事情具體化。

大谷翔平高一時，內心最大目標是超越菊池雄星，成為日本「八個球團的第一指名」，相當霸氣。為了達到這個主目標，他延伸出體格、控球、球質、心理、球速、人品、運氣與變化球等八項次目標，並接著為這八個次目標分別訂定可行方法。

我們來看一下，大谷翔平對於達成目標的方法，訂立得有多詳細呢？拿

表五：大谷翔平的曼陀羅九宮格

身體保養	攝取營養補充品	頸前深蹲 90 kg	改善內踏步	強化核心肌群	穩住身體重心	控制投球角度	從上往下擊球	加強手腕
柔軟度	體格	傳統深蹲 130 kg	穩定放球點	控球	消除不安	放鬆	球質	下半身主導
體力	身體可活動範圍	吃飯早三碗晚七碗	強化下盤	身體不要開掉	控制心理狀況	放球點往前	提升球的轉速	關節活動範圍
設定明確目標	保持平常心	頭腦冷靜內心熾熱	體格	控球	球質	以身體軸心旋轉	強化下盤	增重
危機中堅強	心理	不受氣氛影響	心理	八球團第一指名	球速 160 km/h	強化核心肌群	球速 160km/h	強化肩膀周圍肌肉
不造成紛爭	對於勝利的執著	體諒夥伴	人品	運氣	變化球	關節活動範圍	平飛傳接球	增加用球數
感性	為人所愛	計畫性	打招呼	撿垃圾	打掃房間	增加拿好球的能力	完成指叉球	滑球的品質
同情心	人品	感謝	珍惜球具	運氣	對裁判的態度	慢且有落差的曲球	變化球	對左打者的決勝球
禮貌	值得信賴的人	毅力	正面思考	成為被支持的人	讀書	跟直球同樣的姿勢去投	從好球跑到壞球的控球力	想像球的深度

「運氣」這個次目標來看，達標的方式居然還包含了打招呼、撿垃圾、打掃房間、讀書……而在「心理」這個次目標，則有設定明確目標、頭腦冷靜內心熾熱……乍看之下，這些方法好像和棒球沒什麼直接關聯，但仔細想想，這些事項確實都是選手態度養成的基礎。

年紀輕輕的大谷翔平居然已有如此遠見，能夠看到除了訓練球技，態度與規律生活也都是達成目標的重要指標。

大谷翔平不只是訂立目標和方法而已，還透過九宮格，十分認真地去執行，彷彿他的人生就是為了這張九宮格中的目標而存在著。

大谷翔平在日本火腿隊的隊友曾說：大谷翔平是個宅男，除了球場訓練，其他時間幾乎都在宿舍睡覺。

而大谷翔平剛到美國職棒大聯盟（MLB）時，也曾對球團提出一個要求，希望住宿的地方離球場愈近愈好，最好不用開車，騎腳踏車十分鐘內就能抵達；因為生活中只有棒球的大谷翔平，除了球場以外就是家，根本沒有開車的必要，所以他連駕照都沒有。

我們再把焦點從日本轉回臺灣，來看看從花蓮縣光復國中畢業的十六號選手，從小到大又是怎麼透過內心的渴望來設定「具體目標」呢？

十六號選手就讀高中時，也確認了自己想往職業棒球邁進的目標，當時的他，也可以說是個不折不扣的棒球宅男，在球場訓練以外的時間，就是在宿舍休息和自我加強。

此外，他領學校提供的獎學金，生活中沒有太多花費。他唯一想做的就是存錢買自己專屬的球具，努力爬升到A隊的主力先發位置。只是，這年紀的孩子難免有想休息、鬆懈的時候，所以十六號選手便靠著每天手寫日記，來激勵自己持續下去。

我們來偷偷瞄一下，當時還身在C隊、常要幫A隊選手打雜的十六號選手，如何在日記中勉勵自己？

他這麼寫著：「即使比賽不能下場，也得好好觀摩學習。」

接著自我提醒：「左腳旋轉要快、球等進來點*、揮棒速度還不夠快、心理壓力還很大、跑壘觀念太差。」

日復一日的練習、省思，再練習、再省思……十六號選手的棒球日誌，正如大谷翔平那規律的九宮格，其實都是每日每夜與自己喊話的過程。

內在懷抱著強烈的渴望，行動上卻十分務實，去建構出可以具體實踐的目標；我們內心的渴望，才能在一種可被實現的狀態裡，細水長流地存活下去。

這條路不通，就換條路走

當然，我們的人生中還有許多事情，明明想做卻做不來，讓人不知不覺變得垂頭喪氣，不知該不該繼續渴望、堅持下去。

＊指盡量延後出棒時機，等到投手投出的球更靠近本壘，能看清楚球的來勢，到底是直球或其他變化球時，再判斷是否出棒。十六號選手日誌中的這句話，除了提醒自己多爭取一點判斷球種的時間，同時也在記錄對於自己打擊姿勢的瞭解：為了避免打擊動作容易往前衝的毛病，使得揮棒時肩膀太早放開；把球帶進來一點，盡量往中線攻擊，會讓打擊姿勢較穩定。

比如，心理學家聽過最多人抱怨的，就是「和父母溝通」、「和另一半溝通」、「和小孩溝通」、「和老闆溝通」這樣的事。

「我每次跟他講這件事都會吵起來，我都不敢再提了。」

「他不會想跟我談的。」

「不管我怎麼講，他都聽不進去。」

但這樣的挫敗通常是因為我們雖然內在有所渴望，卻老是嘗試著同一種方法。久而久之，這幾乎變成自動化的行為模式，讓我們忘記達成目標可能有超過一〇八種方法，而我們不應該固守在那些無效的方式當中。

拿「溝通」這件事情來看，白天講不聽，你可以嘗試晚上再說啊！今天講不聽，你可以下個月再說說看呀！嚴肅的語氣會吵起來，試試嬉皮笑臉的方式，效果會如何？用說的不聽，那不妨用寫的試試看會怎麼樣？……

想想那些在炙熱陽光下的光復國中少年們，面對發球機送出的棒球，是經歷過多少次打不好的失敗，才掌握到一次成功的體驗？

嘗試的過程，或許並不美好；但一點點成功的體驗，卻讓我們感受到發自內心的快樂。

面對那些真心渴望的人事物，實在值得我們拿出一〇八條縫線的棒球精神，來嘗試靠近它。

實作練習 05

目標九宮格

請參考表五大谷翔平的目標九宮格，為自己提出一個五至十年內想要達成的目標，將它填寫在下列圖表（表六）正中間的位置。

將這個中心目標，拆解成八個要素或達成目標的管道，並將這八個項目，填寫在圍繞著中心目標的八個相鄰格子中。

接著，將八個項目挪到外圍的八個九宮格，依序填寫在九宮格正中心。依先前的方法，將這八個項目拆解成更精細的八個執行方法，填寫在圍繞中心的八個格子中。

最後，根據你所填寫的執行方法，來為自己進行時間分配和未來計畫。

表六：我的目標九宮格

第06堂課

想成為什麼，要先讓自己像什麼

紀律也可以模仿

如果你完全不瞭解運動員的生活，攤開職棒的賽程表，心裡可能會有一種想像：週五到週日打了三連戰，週一到週三賽程表都是空的。好好喔！上三天班，就可以休三天假，薪水又高，當棒球選手真好。

實際上，一個時常自我要求的選手，他的真實生活是怎麼樣的呢？我們來看看十六號選手的例子：

以一年三百六十五天、每天二十四小時來算，一年的時間總共是八千七百六十小時。

十六號選手每天隊訓、比賽，加上自主訓練的時間，就要占去一天的十二小時；另外還要分配每日十小時的時間來「休息」，以儲備體力。

而這十小時並非什麼都不做，只有休息和睡覺，這段時間所做的還包括身體肌肉按摩、伸展等等，能讓身體肌肉放鬆的「訓練」；此外，大多數選手面對持續且高壓的賽事都有失眠問題，因此十六號選手也得進行一些「練習」，來讓自己不失眠。換句話說，對職業選手來說，「休息時間」其實也是規律訓練的一部分。

光是為了職業運動所花費的規律時間，一年加起來大約就有八千零三十小時，剩下的，才是可以自由運用的時間。也就是八千七百六十小時減去八千零三十小時，所剩的七百三十小時。

用天數來換算的話，職業選手一年的自由假日，大概是三十點四天。

在這樣的規律中，他們最終才成了頂尖的專家。

講到這裡，你或許已發現「恆毅力」養成背後的另一個重要關鍵了。

是的，恆毅力的開始，倚靠的便是「規律」。

規律形成的最初，常常仰賴「模仿」

很多人都知道「規律」的重要性，但如何養成「紀律」，在許多人的生活中卻是一個茫然的大哉問。

我們先用學習書法的概念來看待這件事：當你剛開始學書法時，會先學習一些基礎的運筆技巧，接下來有一道非常重要的功夫便是「臨摹」，也就是拿著一些名家的帖子，模仿人家是怎麼一筆一捺的下筆、怎麼收尾，耐心地摹寫。很多一開始靜不下來的人，在這個臨摹的過程中，不知不覺地培養出規律的寫字習慣。

你再想想，是不是很多學習都跟書法一樣，是從模仿開始的？不論學畫畫、彈鋼琴等等，好似都會經歷模仿的過程。一開始你可能會對這種「抄」別人的舉動有些不以為然，久而久之，卻會發現模仿其實也是很有意思的事情。所以蘋果前執行長賈伯斯說：「好的藝術家抄，偉大的藝術家偷，我們對於偷取偉大點子這種事，向來一點兒也不覺得可恥。」

著有《信念的力量》（*The Biology of Belief*）的知名生物學家布魯斯・李普頓（Bruce Lipton）博士也曾提出類似的觀點，要訓練潛意識、訓練你達成想做的一件事情，最佳方式就是「repetition」（重複）：不斷假裝你做到了，直到你真的做到為止。李普頓所談的，也是透過不斷重複做某件事情，來達到模仿的效果。

不僅如此，古時有句話說：「作之不止，乃成君子。」也在闡述一樣的意思。一直做君子該做的事情，最後可能就會成為真正的君子。

這典故從哪裡來呢？要追溯到戰國時期。有天，魏國的安釐王問子順說：「誰是這天下的高士啊？」子順告訴魏王：「這世界哪有什麼完美之人？真要退而求其次的話，也許魯仲連勉強算一個吧！」魏王聽了有些不解：「魯仲連這傢伙怎麼能算是高士呢？他表裡不一，根本是個假掰之人，言行舉止都是裝出來的呀！」子順卻回了魏王這段話：「人皆作之。作之不止，乃成君子；作之不變，習與體成，則自然也。」意思是，魯仲連雖然假掰，但起碼還願意照著做君子會做的事，做久了自然就成習慣了，就算原本是個假君子，最後也可能成為真君子。比起那些連君子的作為都不願學習的人，實在是好多了。

不管現代人或古人、東方人或西方人，既然都認同這樣的概念，那就表示我們要培養恆毅力，很重要的是找到可以模仿的「楷模」。模仿成功達標的人，就是我們能不間斷地堅持邁向達標的關鍵，就像寫過《唐吉軻德》的知名小說家塞凡提斯所說：「想成為一個騎士，你的行為就得像是個騎士才行！」

找到可以模仿的「楷模」

接下來再談談，怎麼實際地藉由「模仿」，來培養心智中的「恆毅力」？

首先看看中華職棒圈中，二〇一九年球季年紀排行第五名、中華職棒史上出賽場數排行第四名的十六號選手。

在臺灣棒球選手平均只有三到五年職棒壽命的狀況下，十六號選手居然在職業棒球圈已經待了超過十五年，而且雖然貴為場上的「資深棒球男孩」，看起來卻一點兒都不像是年近四十歲的老將呀！很多人想知道，為何他能在職棒一軍待這麼久呢？有什麼延長體能和職業壽命的祕訣嗎？

十六號選手回答說：想知道這個問題，還不簡單嗎？你就跟著我做所有的體能訓練、吃一樣的食物、進行一樣的生活作息，全力「模仿」我，不就得了？如果能做到我做的所有事情，就能體會到「模仿」的重要性。

同樣的，如果你想跟職業棒球資歷將近二十七年的日本傳奇人物鈴木一朗一樣，什麼球都能打，那麼就要模仿鈴木一朗，每天不中斷地練習、每次球賽都提早到場揮棒三百次，甚至還嚴格地要求自己不能度假。

你可能會想，連度假都不行？想要成功，莫非要先接受軍事教育啊？其實，鈴木一朗會這麼想是有原因的，因為某次度假回來後，他發現自己居然要花上三個星期的訓練才能恢復體能，所以之後乾脆不再度假了。

你知道嗎？十六號選手之所以能在職棒圈堅守訓練的紀律，就是因為他內心懷想著鈴木一朗這位自我要求嚴苛的「楷模」。

心裡有鈴木一朗這種「超級楷模」，讓十六號選手理解到：我現在所堅持的紀律，過去已經有人仰賴著它，走出一條可以達標的路。

當我們覺得自己幾乎撐不下去時，內心深處的那個「楷模」讓我們明白，這世界上有人和我們一樣堅持，並且比我們更早證明了「堅持」的價值。

・脫離「楷模」的創新時機

很多成功者都是優秀的模仿者，因為他們看到別人成功的祕訣，並藉此來減少自己摸索的時間，以降低發生風險和嘗試錯誤所需要付出的成本。這背後有一個概念，叫做「替代學習」（Vicarious Learning）：也就是看著別人的達標成果，學習並模仿之，可以有效地讓自己在短時間內獲得寶貴經驗。所以「模仿」實在是培養恆毅力過程中，非常重要的一項學習能力，不論在運動場或是其他專業領域，都是相當實用的。

但問題來了，難道這是告訴我們：一日模仿，就要終生模仿嗎？

我們必須說：模仿的時間長短，其實因人而異。因為「模仿」在恆毅力的養成上，最重要的並非一板　眼地去複製別人的成功模式，而是透過這個「模仿」的過程，學習到「紀律」這個邁向達標之路的重要元素。

換句話說，什麼時候可以停止模仿？當你向楷模學習，養成了「紀律」的習慣，並且已經感覺自己通透了楷模身上可以學習的價值後，我們便有兩種選擇：換一個新的「楷模」，或者，自己「創新」。

來看一下知名企業黑貓宅急便的例子。

黑貓宅急便的前身大和貨運，在日本戰後快速發展下，曾對公路網絡做出某些錯誤的評估，導致營運一度陷入瓶頸，經營者小倉昌男於是開始「找師父」來學習。首先，他在知名貨運公司優比速（UPS）身上學到貨物處理的設備與訣竅；接下來，他又在知名連鎖餐廳吉野家主打單一商品牛肉蓋飯這件事上，學到「鎖定一項服務做到好」的概念，因此主推「處理小件物品」服務；此外，他也模仿日航推出套裝行程的化繁為簡概念，推出「運費均一價」的創舉……透過許多對楷模的學習，小倉昌男運用向其他成功企業學來的訣竅與思維，最終將「黑貓宅急便」推向大成功。

然而，當「黑貓宅急便」已經成為今日幾乎人人皆知的「黑貓宅急便」時，你會覺得它是偷別人點子的小偷嗎？不，它是它自己，有自我獨特風格的一間企業。這，就是模仿的最高境界：把所學來的東西，融會貫通，變成你可以自己運用的風格！

所以說，我們最終要模仿的對象是誰呢？

我們的答案是：那個「無意間達到成功的自己」。

這一點，十六號選手在自己身上做了許多嘗試。比如說，當許多人忙著檢討失敗時，十六號選手的做法，往往是記錄自己狀況特別好的時候，甚至連飲食、穿著，還有當時的髮型，都會原原本本地記載下來。這對他來說也是一種模仿，一種對好的「自我」狀態的模仿。

世界知名潛能開發專家安東尼．羅賓（Anthony Robbins）說：「如果你曾經成功，只要運用與當時相同的心境，就可能再次獲得成功，因為，你永遠擁有選擇記憶的權利。」想要培養恆毅力，請記得：僅僅靠模仿他人是不夠的，你還要能夠看見自己的成功，並且學習模仿、複製自己的成功經驗和心境。

一個曾經成功的自己，就是我們面臨困境、想要放棄時，最美好的回憶與養分。我們必須相信並且等待：那一刻，有朝一日會重新降臨。

實作練習 06

模仿楷模

依照短期、中程、長程的規劃，從你身邊或從閱讀中，找出想模仿學習的楷模。你可以列出很多想學習的楷模，但在練習初期，請挑選一個主要對象來精細學習至少三至六個月。如果你已經想到這個人選，將他的名字填寫在下列表格中（表七）。

學習的過程，請別忘了時時記錄你從楷模身上學到的收穫，並在每段楷模學習經驗結束前，寫下這段學習過後，你認為自己可以創新突破的地方。

表七：模仿楷模經驗記錄表

楷模 學習時間	對象	學習紀錄	我的創新點
短期目標：____ （至少 3～6 個月）			
中程目標：____ （6 個月～1 年）			
長程目標：____ （1 年後）			

第07堂課 化危機為轉機

強化心智，開拓新局

歐洲大陸上，佇立著一個約莫一半國土面積都低於海拔一公尺的國家：荷蘭。「荷蘭」二字的荷蘭語是Nederland，原義為「低地之國」，這片國土上下居然找不到一座山，多處土地低於海平面五公尺，所以說，「與海爭地」是荷蘭人數百年來面臨的課題。因此即便「減緩溫室效應」的環保議題，直到二十世紀末之後，身處現代的我們才意識到，但早在數百年前，荷蘭人就因自身國土的限制，學會怎麼面對這種困境，並實際去解決問題。

二十世紀末以來，由於氣候暖化，溫室效應造成了冰川融化，世界各地的海平面陸續上升，使得許多位於低海拔的國家、地區，面臨嚴重的生存威脅，「世界末日」傳聞不斷，彷彿人類對大自然的不敬，眼看就要將自我推向毀滅的邊緣。

然而，這種危機對於國土幾乎與海平面相齊的荷蘭來說，卻已能夠老神在在地面對。早在十三世紀，荷蘭所在地區就開始發展填海造陸工程，截至目前為止，創造的陸地面積甚至已經超過兩個德國國土。此外，荷蘭人為了維繫家園安全，深知相關水利工程需要政府與人民上下齊心協力，因此在這種獨特的民族文化下，也造就了荷蘭的海上經濟強權，而他們高超的治水技術，更是全世界數一數二的霸主……但當初誰想得到，今日榮光的背後，荷蘭卻是憑著數百年來處理危機的經驗，才累積出來的成果。

現在的荷蘭已經掌握了高超的技術，具有主導市場、掌控議題的能力，為國家帶來許多商機，所以講到水利專業、水患防治，找荷蘭準沒錯，荷蘭儼然已是世界第一的水利技術輸出國。這，就是利用自身「危機」來進行思考，激發出將危機化為「轉機」的策略，最後輸出成「商機」的最佳典範。

這種因「危機」而發展出來的「策略性轉化」能力，就是「恆毅力」中最寶貴的一項心智資產。

我們學習著，在信心搖搖欲墜時，還能主動尋找自己能掌控的事物，這就是「策略性轉化」能力：透過策略，將「危機」轉化為「新的契機」。

面對「危機」的系統化思考

要談論怎麼培養「策略性轉化」能力之前，我們先花點時間來思考：所謂「危機」的定義，是什麼呢？

聽到這個問題，也許你會覺得奇怪：危機，不就是實際發生一些危險，威脅到生存嗎？

其實像這樣的回答，大多是習慣安定生活的人所提出來的答案。因為最初先有一條所謂「安全平穩」的基準線，而當外在出現了某些問題，導致危及安全感時，我們就會感覺到：喔！「危機」出現了。

但你有沒有想過，如果最初就不是一種安全的狀態呢？比如，數百年前的荷蘭，他們可能從來沒有過「陸地不會被海淹」的思維，因此他們所能做的，就是不斷地從海神手中爭取更多陸地。

從這個概念進一步思考，我們發現：原來要有幾個元素共同組成，「危機」才會被人們給認定，這些元素包括：「外在刺激」（發生危險）、「外在目標」受到阻礙，以及負面的「外在回饋」。

外在的危險刺激，就像一個人走在路上，被天上掉下來的石頭砸到。

外在目標受阻礙，就像一個人不斷努力想要升職，但每次送出升遷申請表，老闆祕書一看到就要跟老闆說他壞話。

負面的外在回饋，則是一個人不管做了什麼都動輒得咎，受到批評。

很多時候，人們遇到上述三種打擊時，可能會不自覺地想躲起來，透過獨處來療傷。但在我們的經驗中，獨自面對危機而沒有和外界保持聯繫的人，可能特別容易在感覺自己處理不了危機時，就放棄了原本的目標。

為什麼會這樣呢？心理學家契克森米哈伊說，根本原因在於，想要掌控自己內在的心理狀態，並不是件容易的事；我們往往需要一些外在刺激、外在目標和外在回饋，才能讓內心的注意力有個明確方向。因此，當我們缺乏與外在訊息的互動時，注意力和思緒都會變得混亂，導致精神失序的狀態，問題解決能力自然就大幅下降了。

這就是為什麼，很多人在面對一個悶不吭聲的臉孔，或不知道原因的問題時，心裡會這麼慌張。因為缺乏「外在」的刺激和回饋，我們的「內在」就會失去方向而陷入紊亂。

那麼，處理「危機」的方法是什麼呢？

1——想辦法處理「外在的危險刺激」。

2——評估「外在目標」是否需要轉移、等待，或重新調整。

3——面對「外在回饋」的真實性，並思考自己可以調整與改進的空間。

當我們將一個「危機」背後的「外在訊息」有系統地拆解成更細微的元素後，可能會出現一些有趣的發現。

例如，發現天上掉下來的石頭，其實是討人厭的老闆祕書趁你走過時，故意丟下來的，所以這個危險刺激背後，可能有一些「人為因素」；而發現了這背後不只是意外而是人為，或許你就可以主動地去做些什麼。比如，主動約老闆祕書談一談，誠懇地請教：彼此之間是不是有什麼誤會？或自己有什麼可以改進的地方？

又例如，你的目標老是被某人給阻礙，可以去評估這個阻礙發生的原因是什麼。最後可能發現：喔！原來升遷不順，是因為有人也在覬覦那個位置。發現問題後，再仔細研究一下雙方的能力值，發現自己不如人就趕緊提升；要不就認清，公司之所以提拔能力不如你的人，可能是因為對方比較會講話……

最終你會明白，所謂的「策略性轉化能力」是由幾個重要的技巧所構成的：首先，你要能「細緻地拆解危機」，接著是「具體地訂定改進目標」，最後則是懷抱「評估的自知之明」。

不管是面對外在檢視、刺激或回饋，誠實地面對「這麼做好或不好」、「我可以辦得成，或實在是辦不到」，我們才不會陷進危機當中，而是懂得利用它來走出一條嶄新或更有價值的路。

・用「危機」創造什麼樣的自己？

接下來，我們就用十六號選手的例子，來談一談這個實際「化危機為轉機」的例子。

二〇一四年，十六號選手簽下自己職棒生涯以來最大的合約。不過，當年球季初期，許多球迷認為他的表現似乎與前一年有些落差，甚至曾被球隊下放二軍數日。對球迷來說，球員拿了高薪，表現卻不如預期，這股落差讓球迷感到不太舒服，於是網路開始出現嘲諷揶揄十六號選手的聲音。

對十六號選手來說，當時無疑是職業生涯上的一場「危機」。我們來想一想，如果你是十六號選手，這時的「危機」是由什麼元素組成的？

首先是「表現不好」。十六號選手剛簽下大約，自然是最期待能好好表現的時刻，所以用不著別人評論，他肯定已先為自己訂下了高標。因此危機發生的第一個元素，就是他的「目標」受到阻礙，而阻礙目標的元素除了來自外在，還可能有些元素源於他自己，比方受傷，或者打擊狀態需要調整。

接著是網路酸言，包括各種憤怒、失望的語言，謾罵、情緒化的字眼……這就是所謂負向的「外在回饋」。

拆解「危機」的各項元素後，「解決策略」就顯得更清楚了，包括：持續練習來恢復良好狀態，以及調整自己的心情和處理網路酸言。

很多人遇到像十六號選手這樣的狀況，心情可能會極差：什麼？用這麼侮辱人的字眼？一直打不好實在太沮喪了！壓力好大煩死了……於是不自覺地又跑去躲起來了。

可是，十六號選手的反應還挺有趣的，他居然認真地去把這些負面言論看完，然後靈機一動，突然從網路鄉民的話語中發現一些令人驚奇的創意。比如，十六號選手姓「周」，酸民罵他時故意將「周」寫成「甩」，而這份來自酸民的創意，十六號選手除了讚嘆，也選擇將它收下來，重新包裝成屬於自己的電商品牌「甩」，並結合公益來進行推廣，意外賦予這個因嘲諷而生的「名字」——甩——有了新的生命與意義，而十六號選手也因為生活中多了商業與公益，忙碌得更加沒空沮喪了呢！

直至今日，不知情的人，還以為「甩」是來自「帥」的諧音。

一般人眼中的「危機」，到了十六號選手手裡，最終成了「轉機」與「商機」。你瞧，這不是與荷蘭人面對國土危機時的想法一樣嗎？遇到問題，進行拆解，找出策略來解決它，讓自己變得更加強大！

透過這樣的系統化過程，我們不只有了更強大的心智能力，也有機會開創另一個截然不同的自己。

西方社會用一句諺語來說明荷蘭人解決問題的能力：「上帝創造了世界，但荷蘭人創造了荷蘭。」而我們，又將創造什麼樣的自己呢？

實作練習07

轉化危機

當你覺得自己的生活或工作正面臨危機考驗時，可以使用下列表格（表八）來協助你解決問題。

首先，將你現在的危機經驗概略記錄下來，接著利用本章提到的「刺激、目標、回饋」三個向度，來解析這些危機經驗。

「外在刺激」的危機點，你可以寫下讓你感到衝擊的、突如其來的變動。比如：新主管空降到你的部門、公司面臨解散危機……

「外在目標」的危機點，可以寫下原本的自我期待與現實之間的落差。比如：明明應該升遷卻遲遲升不上去……

「外在回饋」的危機點，可以寫下你感知到的別人眼光與對你的看法。上述危機點一一記錄下來後，請分別思考解決策略，並在實際執行後記錄結果，用以評估策略的成效，以及是否需要調整。

表八：轉化危機記錄表

時間： 危機經驗描述：			
項目	危機點	解決策略	結果
外在刺激			
外在目標			
外在回饋			

第 08 堂課

美好的結束，是為了重新開始

「刻意」的藝術

早從一九七〇年代開始，心理學家漢彌爾頓（David Hamilton）和他的同事，對於人們如何解讀「負面訊息」進行一系列探討，得到的結果和後來許多心理學研究相仿，一致認為：人們對於「負面訊息」的感受與描述，遠比「正面訊息」來得強烈多了！

這意思是說，如果我們今天去一間餐廳用餐後很滿意，可能會想和身旁幾位親朋好友分享訊息；但倘若我們今天的用餐經驗很差，卻可能會忍不住氣得要 po 網告訴全世界。

又或者，我們今天剛認識一位新朋友，發現他的笑容很可愛，但講話卻很粗俗。回到家後，我們記得的常常是「他很粗俗」這種負面特徵，而幾乎忘了他的笑容有多麼迷人（正面特徵）。

用這個概念來看，研究也發現：我們對於「痛苦」的記憶和感受，往往比「快樂」來得更深。

這……難道人類的本質，其實是一種沒良心或偏愛自虐的生物嗎？

先別緊張。科學家說，這可能是人類在演化過程中，為了「生存」所保留下來的運作機制。

想想，如果在日常生活中，我們無意間忽略了某些正面訊息（如：好吃的食物），頂多損失一些機會而已；但如果我們忽略的是負面訊息（如：龍捲風），卻可能帶來生命威脅。

這就是為什麼大腦機制會對「負面訊息」進行更細緻的處理，目的是為了避開危險，以免惹禍上身。

這樣看來，「人生苦多於樂」這句老話，搞不好也只是一種人類普遍的感受而已，並非事實。

然而，就心智鍛鍊的立場來看，「對痛苦的印象比起快樂來得深」這件事，實在挺惱人的，這表示我們在達成目標的過程中，可能要創造出一百次快樂經驗，才能夠與一次的痛苦經驗相抗衡；甚至很多時候，我們可能因為不敢冒險，而錯失許多珍貴的機會。

所以接下來我們就要好好談談，如何突破這種生物機制的限制，當個有「恆毅力」的人？

渴望一件事，要渴望到願意為了它「刻意冒險」

危險的事沒多少人想碰，但如果要抵達成功就得先冒險，你會怎麼選擇？在十六號選手成為身經百戰的職棒選手前，以及心理學家成為資深心理學家之前，都經歷過好幾次十字路口的抉擇：該尋求穩定，還是冒險呢？

最早，那份尋求穩定的聲音，人多是來自於我們的父母。

十六號選手小時候的家庭經濟狀況不太好，母親對他最大的期待，就是要把書讀好。

即便身在一個出產過許多職棒選手、很多人都渴望靠棒球翻身的花蓮鄉鎮，十六號選手的母親當年卻一點都沒想過，要讓兒子走上這條不知道有沒有未來的路。

所以，當年十六號選手想加入棒球隊時，母親對他搖搖頭說：「好好念書比較實在。」

可是，打棒球看起來真的好帥喔！

母親拗不過十六號選手的央求，於是說：「那就拿一百分的成績來換。」

為了打棒球，十六號選手開始好好念書，以至於他有了「好成績」這個本錢，來支撐他可以去冒「打棒球」的風險。

心理學家剛要念心理諮商的時候，臺灣的心理師法還未健全，母親對她的未來出路感到擔憂：「讀這個以後要做什麼？不然去修個教育學程好了。」

教育學程啊？研究所兩年除了要修完本科學分，還要再加上四十二個教育學分，這樣好累耶！

但為了讓自己擁有「可以冒險，也可以安定」的選擇權，心理學家還是乖乖把教育學分修完了。

雖然到後來，這張「小學教師證」從來沒有在她的生命中被使用過，但在她心中，這卻是為了可以放心去冒險所簽下的一張「本票」。

從他們的故事你會發現：人，之所以明明渴望還不敢去冒險，明明可以辦得到卻還自我懷疑，常常是因為心理上的準備不夠充分，導致缺乏「冒險的本錢」，而不敢跨出腳步。

那麼，夢想可能就只停留在夢想，永遠也不會實現。

渴望一件事物，渴望到我們願意為了它去冒險，是「恆毅力」的關鍵。我們既然冒了風險，就代表需要為它付出更多心力；我們付出的心力愈多，自然捨不得在還沒看見成果前就輕易放棄。

結尾要「刻意美好」，對抗痛苦要「刻意尋找收穫」

人們對於「冒險」和「安定」的感知，差異在哪裡呢？

「冒險」通常是指「無法完全掌控」的事物，因此，包含需要你付出的心力，和可能回收的成果，都是難以預測的。

正因為可預測性低，這過程可以帶給我們的學習空間也愈大，然而，遇到挫折時可能產生的痛苦也愈強。

「安定」則相反，通常是指「掌控性高」的事物，所以過程中你需要付出什麼、可以獲得什麼，大多是可以預期的，但它帶來的驚喜程度相對較低，我們也比較容易在其中感到無聊。

客觀來思考，這兩條路並沒有絕對的好與壞。但身在「安定」的選擇中，「看見快樂」的眼光是必要的；而處於「冒險」的選擇中，考驗的則是我們「忍受痛苦」的能力。

「看見快樂」加上「忍受痛苦」，便是「恆毅力」最後的一項重要條件。

談到「痛苦」這件事，我們來考大家一個問題。

你知道嗎？在一九八〇年代，大腸鏡檢查是讓病人非常痛苦的項目，它的流程是先把鏡子一路送進大腸最深處的盲腸，再把鏡子拉出來，而整個過程最痛苦的時刻，就是鏡子進入到盲腸前的瞬間，通過腸道時的拉扯與糾結。

好了，現在醫院裡，有兩個前來照大腸鏡的病人。

A 病人的檢查時間只有八分鐘，而醫師將鏡子送進大腸最深處後，很快地把鏡子一下子就收回來；換句話說，在檢查的最後兩分鐘，A 病人遭遇了整場大腸鏡檢查中，最痛苦的感受經驗。

B 病人的檢查時間持續二十四分鐘之久，前面八分鐘的過程和 A 病人一樣，差別在於鏡子送進大腸最深處後，醫師是慢慢地、一點一點地把鏡子收回來，所以 B 病人不但承受了 A 病人承受過的痛苦，還額外拉長了一段鏡子尚停留在腸子裡的時間，而 B 病人經歷的最強烈痛苦，是和 A 病人一樣的高峰痛苦經驗，只是，這些痛苦的感受隨著慢慢收回來的鏡子，逐漸緩和，到了檢查的最後五分鐘，這個痛苦感在 B 病人身上趨緩，直至完全沒有。

檢查結束後，如果我們請A和B兩位病人對他們全程的大腸鏡檢查經驗進行評比，你猜，整體而言，誰會覺得比較痛？

答案居然是A病人——比B病人整整少痛了十六分鐘的A病人。

為什麼會這樣？

在心理學家康納曼和他的夥伴雷德邁醫師（Donald Redelmeier）進行的研究中，若最痛苦為十分，A病人所回答的痛苦感高達七點五分，遠遠高於B病人所回答的四點五分。背後原因是：A病人的檢查結束在最痛苦的時候，而B病人的檢查時間雖長，累加的痛苦理應更多，但因為他的檢查結束在已經不太痛的時候，所以這最終印象導致了他的評分結果。

這項研究告訴我們：人，會以整件事情結束時的感受，來記憶自己在這件事情上的經驗。

這就是為什麼，分手的人大多記得結束時這個人有多可惡，而忘了從前交往過程有多美好；被資遣的人大多只記得最後階段老闆陰險的臉孔，而忘了自己過去也曾被提拔指導……

而這也告訴我們，「缺乏恆毅力」有時也是一種選擇。當我們上次的失敗經驗結束在慘痛的感受，便可能會不太願意踏出腳步繼續下一次的嘗試。

所以當我們無可奈何，非得要結束一份工作或一個目標時，千萬別忘了，為了下一回還願意接續下去、重新開始，我們得盡量讓經驗的尾聲，結束在較為美好的感知狀態才行。

而且還要提醒自己，回過頭去「刻意發現」那些過程中的各種細微收穫。起頭時，刻意冒點風險；過程中，刻意發現收穫；結束時，刻意停留在美好。即便停下來，都是為了儲備力量，再向前走。

實作練習08

刻意冒險與收穫

當你正訂定一個目標時，便可使用下列表格（表九）來進行練習。

首先，請在表格上填寫訂立目標的時間和目標的具體內容。

接著，依照這個篇章所提到的概念，請在目標訂定的開始，為自己鋪陳一些「刻意冒險」的事件，並將這些事件記錄下來。

執行目標的過程中，請刻意檢視自己的收穫，並將它們記錄下來。每一項收穫最後，可以填上當天的日期。

倘若有一天，這個目標的執行歷程對你而言已經結束，請回過頭來看看先前的紀錄，檢視自己曾經有過的付出和收穫，並嘗試寫一段話給走過這個歷程的自己，鼓勵他／她未來還能像這樣有收穫地朝目標前進。

表九：刻意冒險與收穫記錄表

時間： 目標：	
刻意冒險	
刻意收穫	
成果反思	

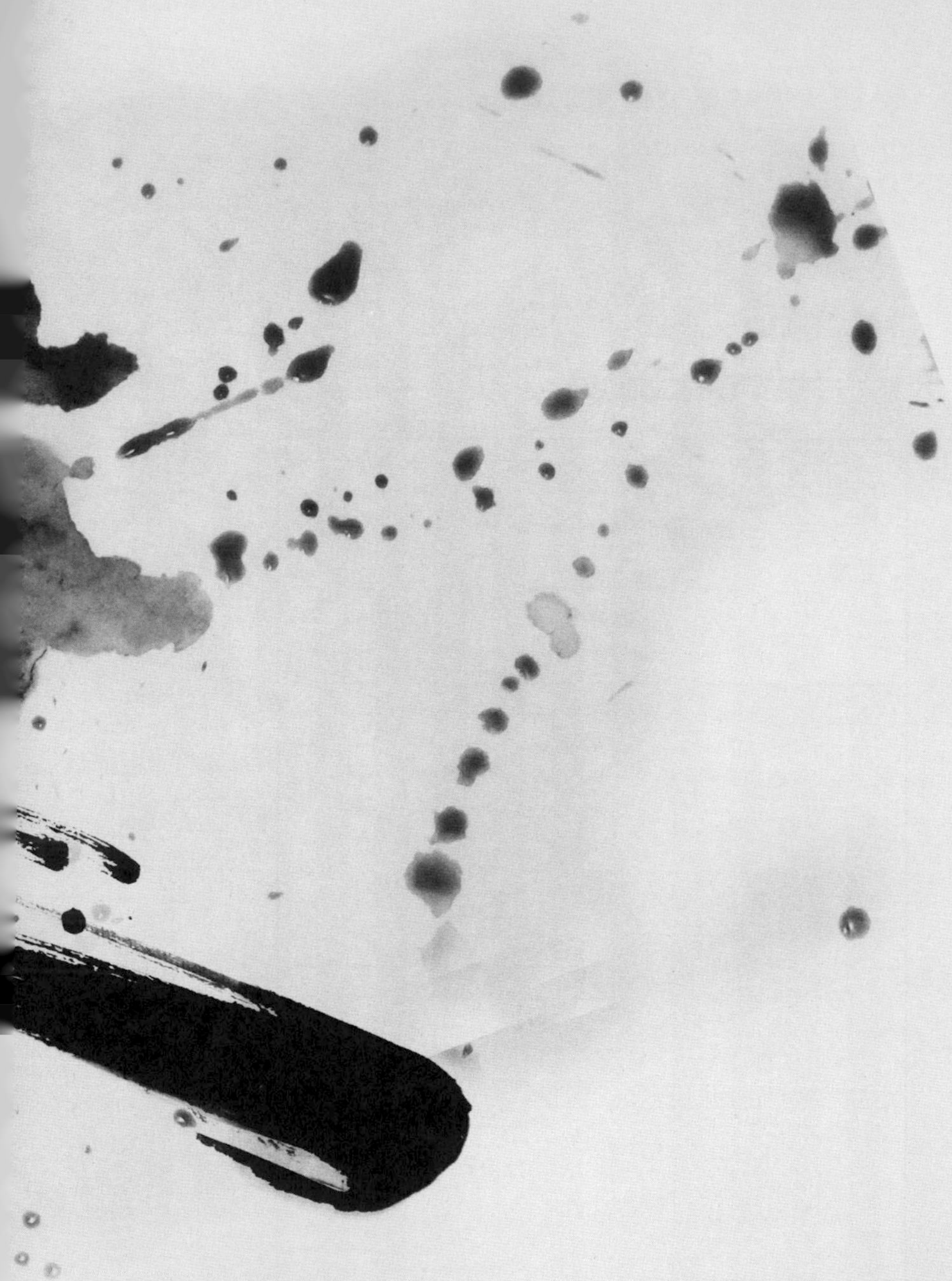

PART

3

爆發力

關鍵時刻發揮自我的能力。

有句話是這樣說的：「寧為雞首，不為牛後。」這句話出自於《戰國策．韓策》的「寧為雞口，無為牛後」。白話文意思是：寧可當個兒小但乾淨的雞口，也不要當個兒大卻骯髒的牛肛門。

所以身為人啊，寧可找個小地方、小場面來當家做主，也千萬不要在大場面下受人支配。

這句話乍聽好似滿有道理的，但想著想著，你突然發現這邏輯有點說不通呢！先拿傳統升學考試制度來看好了，如果你的成績落點剛好在第一志願的尾巴，難道會為了要當個「雞首」，而自願落到第二志願嗎？大部分學生都不會做這樣的選擇，因為我們會想要為自己爭取更好的學習環境。因此，你不得不承認，很多時候，成年人的世界之所以會出現這一段話，或許是當我們達不到自己的期待時，一種用來自我安慰的說法。

以「心智鍛鍊」的概念來看，我們認為，與其要說「寧為雞首，不為牛後」，倒不如來句「寧為鷹犬，不為芻狗」，或許更能幫助我們創造出貼近自己目標和夢想的工作態度。

說到這，你一定很好奇：「寧為鷹犬，不為芻狗」，是什麼意思？

我們先來看一下，何為「鷹犬」呢？原來，「鷹犬」是獵人最重要的左右手：「老鷹」和「獵狗」。獵人追捕獵物時，如果少了老鷹和獵狗，就無法清楚判斷獵物的所在位置，即使是「砰」的一聲打中了目標，還不見得知道獵物掉到哪裡去了。

倘若我們將「獵人」比喻成一間公司，那麼「鷹犬」就形同這個公司組織中不可或缺的一分子。

至於「芻狗」又是什麼呢？原來，古人祭祀時，常常會準備一些草紮的陪葬品，通常紮成狗或馬等動物形狀，統稱為「芻狗」。祭祀結束之後，「芻狗」這種東西便沒什麼用了，馬上就可以丟棄。所以「芻狗」往往被視為整場祭祀中，最卑賤無用的東西。

當然，如果我們把「芻狗」的概念延伸到公司組織裡，那麼「芻狗」恐怕就會用來比喻那些對老闆來說可有可無的員工了。

「寧為鷹犬，不為芻狗。」整句話結合起來看，是指我們不管身處大地方、小地方，都要努力證明自己有「鷹犬」般的能力和價值。即便你可能身在一個超級浩大的場面，周圍人才濟濟，在主事者眼裡，你可能不過是隻「芻狗」，但我們還是要想辦法在這樣的環境中，找到屬於自己的一席之地。

也許在競爭激烈的職場或學校裡，我們無法成為站在最高位發號施令的人，但總要懷抱著一種自我期待：即便現在感覺自己好像只是「可有可無」，有天也可能靠著能力的培養，晉身成為「高級人才」。唯有在這樣的心態中，我們才會像海綿一樣，吸收更多得以提升自我能力的養分，等待發揮的時機。

安逸的小場面，或許讓人比較舒適，然而，學著適應高度挑戰的環境，卻可能讓我們成為過去想像不到的自己。

這樣的信念，就是「心智鍛鍊」概念中所指的「爆發力」。

所以，最適合形容「爆發力」的是哪個字呢？我們的答案是：「突」。

（突，甲骨文）＝（穴：洞）＋（犬）

在文字學上，「突」這個字的意思是：一隻「狗」忽然從「洞穴」裡竄了出來，讓人感到意外，來不及反應。

仔細想來，或許十六號選手和心理學家也都曾經是在某些大場面中，不被看好的人。十六號選手喜歡上棒球時，不被認為是可以打好棒球的人才；心理學家喜歡上心理學時，也不被認為擁有足以做好諮商的經歷。還好，他們內心總有一點「寧為鷹犬，不為芻狗」的信念，時至今日，轉頭再看看已經走過的十多年光陰，十六號選手和心理學家居然都還願意相信，前方的路仍有許多新的「爆發點」在那兒等待著他們。

這絕對不只是正向思考，而是「爆發力」這個概念讓他們明白：人生，永遠存在各種驚奇的可能性。

第09堂課

向海盜學習「爆發力」

讓壓力轉為爆發力

關於「爆發力」這件事，我們要先來聊聊「海盜」的故事。是的，你沒聽錯，就是那些來自於古老傳說，專門在海上劫船的海賊。

但你知道嗎？海盜大多有一個共同點：對現況感到痛苦，對生活感到不滿。「痛苦」和「不滿」形成一股強大的驅力，使這些人自然而然地聚在一起形成組織，最後化為具有勢力的幫派。

如果你理解背後緣由，會發現他們其實只是努力將生活「壓力」轉化為求取生存的「動力」，同類相親彼此照應著，期盼靠打劫過上更好的生活。

講到這裡，或許你會有點不以為然：犯罪，就是錯！痛苦、不滿又怎樣呢？我們大家也常常覺得生活很辛苦，可是並沒有因此而變成海盜啊！

當然，除了考量時代背景賦予「海盜」形成的外在因素，海盜的組成本身倒是頗能反映心理學研究中，有關「人如何面對壓力」的看法。

心理學是這麼說的：當人們感受到外在有危險（壓力形成）時，「情緒」的運作會率先於理性的「認知」，進而激發一系列的神經活動，使人們本能地以「戰鬥」、「逃跑」，甚至是「僵住不動」的方式來做出反應。

這個概念不難理解。你可以想像自己走在馬路上，突然遇到一隻活生生的熊，你會本能地拔腿就跑（逃），或拿起身邊的東西往熊的身上砸（戰），抑或你看到熊根本就太驚嚇了而頓時渾身無法動彈（僵住）。

你可以把這隻活生生的「熊」，想像成生活中可能引發壓力的任何危險因子：比如和情人分手、失去工作、受上司指責、你所重視的人對你毫不在意……遇到這種情形，你可能會抱怨或攻擊對方（戰），或者自怨自艾地開始躲避對方（逃），甚至打擊太大而陷入情緒低潮（僵住）。這些，其實都是因為我們對某些事情的「在意」，導致「壓力」產生而引發的結果。

如此想來，身為現代人，好像根本不用遇到像「熊」或「沒有糧食」這種實際的生存壓力，「戰」與「逃」等本能反應，就彷彿時時刻刻在身邊發生。

好消息是，這股因「壓力」而產生的內在能量，正是幫助我們培養「爆發力」的重要源頭。因為「戰」的壓力反應本能，常會讓人「化悲憤為力量」。

・面對壓力，先讓自己「活下去」

歷史上有好幾位知名海盜，便是善用生活中的壓力與痛苦，來激發出「爆發力」的箇中好手。

有「海上魔王」之稱的法蘭西斯・德瑞克（Francis Drake）出身貧苦農家，有一回他率領的船隻受到暴風雨襲擊，乃向西班牙政府求助卻受到詐騙，大批船員遇害，德瑞克自己也差點丟了小命，因此他發誓要向西班牙復仇，從此奮發圖強想給西班牙一點顏色瞧瞧，劫掠了西班牙船隻；最終，他成為英國著名的英雄冒險家，但他在西班牙的名聲卻截然不同，可是惡名昭彰呢！

二十一世紀最令人聞風喪膽的索馬利亞海盜，是由生活困苦的漁民自發而成的組織，目的是為了對當地漁業進行武裝保護，因此，居然有高達七成的沿海居民認同索馬利亞海盜的存在，並認為這個民間組織，比政府更能保護當地人的生活安全。

所以可別以為，「海盜」指的就是一些魯莽、粗俗又沒腦袋的人。想想，能將這麼多人統整起來形成高度秩序的組織，背後可是團結了不少「化悲憤為力量」的情懷：這些人以船為家，禍福與共，為了生存下去，共同學習將生存壓力化成能量，用來發展出一套能夠彼此牽制，又能讓大家過得不錯的合作方式，最後甚至組成相當龐大的經濟體系。

以索馬利亞海盜為例，二〇一〇年大約有一千五百名海盜，而他們的「營業額」居然高達新臺幣六十九億元。政經情報顧問公司 Geopolicity 因此以「合理利潤極大化的企業家典範」來形容索馬利亞海盜。你瞧，這不正是「爆發力」的極佳典範嗎？

我們再來想想，何以這群海盜所創造的利益，會比許多千人規模的公司組織還要多呢？

首先，因為這群人是被雷同的「壓力處境」給聚集，因而「破釜沉舟」、「絕境逢生」；當這樣的人群聚起來成為團體，自然有一個「明確、清楚又共通」的方向。

更重要的是，由於大多出身社會底層，海盜們相當重視「平等」，在群體裡頭不論出身高低，只要能為團體做出貢獻，沒人在乎你曾經是皇親貴族，還是布衣平民。

這個故事同時也帶給我們養成「爆發力」的第一項啟發：不管身處在何種壓力情境，我們總要先相信，眼光放長遠一點來看，「壓力」是可能帶來幫助的；同時給自己時間，透過對「壓力」的反思，來建構出一個明確、清楚的未來目標：比方說，被情人甩了，先立志成為「讓他後悔離開的人」。

我們不會用是非對錯等價值觀，來框架這個目標方向，因為在面臨壓力當下，首當其衝的，不外乎是要讓自己能「活下去」而已。

在「戰」與「逃」之間，理解心之所欲

面對壓力，活下去以後，怎麼醞釀後來的「爆發」呢？

李旦和顏思齊是活躍於一六〇〇年代華人圈的知名海盜。李旦出身於閩南，曾在菲律賓經商，據傳，西班牙統治者屠殺華人時，李旦輾轉逃到日本，受到日本海盜集團協助。然而，當時日本人可是將海盜貶稱為「倭寇」呢！像李旦這種有頭有臉的商人，居然帶著手下顏思齊和日本海盜集團合作，來武裝自己的船隊，這可是上流社會眼裡的不入流行為呀！但最後李旦卻因此建立了龐大的海盜集團，而他強悍犀利的作風亦遠播到西方海域，西洋人稱他為「Captain China」（中國隊長），又稱「甲必丹」*。

你看，李旦的能屈能伸、能逃又能戰，是不是也挺激勵的？當我們狀態不

* 十五世紀由葡萄牙人和荷蘭人在印尼、馬來西亞殖民地任命的華裔僑民首領稱為甲必丹，主要協助殖民政府處理僑民事務。「甲必丹」一詞來自荷蘭語「kapitein」，意為首領、隊長，和英語的「captain」同義。

好時，尊重自己的「逃」；狀態允許時，尊重自己欲「戰」。只要「戰」與「逃」都通往一個清楚、明確的方向，其餘的痛苦都只是過程。

在「戰」與「逃」之間，我們最終要學習的是，明白自己的「心之所欲」。

・壓力轉換困難時，尋求結盟

歷史學家安格斯・康斯塔姆（Angus Konstam）研究知名海盜集團黑鬍子（Blackbeard）時發現，一七〇〇年代的海盜中，大約有兩成五是黑人，但海盜的族群特性是：不論種族，每個人分到的錢一樣多，在船上擁有同等權利。

不管是李旦與日本人的結盟，或者黑鬍子海盜集團中的黑白混種，都顯示「海盜」可能根本不用老師教，就比一般人更具備「多元文化」概念。他們很清楚，為了達成目標就必須醞釀團結，那麼種族主義的排他性，就只是一種讓眾人的力量無法充分集結的障礙，何必固守？

看到這裡，我們實在感到訝異：這麼先進的「尊重個人獨特性」的觀念，原來早在一六〇〇年代的李旦、顏思齊，和一七〇〇年代的黑鬍子們身上就有了。你想，就連美國都等到一八六二年才解放黑奴呢！

原來，壓力所帶來的痛苦驅力，不只讓我們更有能力，甚至可以讓我們成為更進化的人。為了生存，人們團結，彼此陪伴，然後創造出無限可能。

臺灣運動圈也存在這樣的故事。二〇〇八年，中華職棒爆發了「黑米事件」，黑道介入棒球比賽引發假球風暴，讓「米迪亞暴龍」這支球隊徹底解散。對運動圈來說，這真是一件令人痛苦不堪的事，許多球員一夕之間失去工作，為了清白進出地檢署拚鬥；但是也因為這股重重打擊職棒圈的壓力，讓眾球員放下成見迅速凝聚起來。他們意識到彼此必須並肩作戰，才能一起走過艱難的處境。

早在一九九五年就成立的職棒球員工會，曾在一九九七年後因毫無實際運作而停擺，即使中間也有球員想過要復興工會，卻始終無法順利推動。然而，黑米事件後，痛苦的力量卻重新整合了棒球圈，最終讓工會於二〇〇八年十二月，正式恢復運作。

雖然，有些人可以獨自面對壓力，醞釀並等待自我爆發的那一天。但如果你不是這樣的人，請在面對壓力時，尋找與你有同等「痛苦信念」的夥伴。打開門，走到陽光下。總有一天，你會遇見那個（群）人。

實作練習 09

化壓力為力量

當你覺得能力好像沒辦法有很好的發揮時，可以使用下列表格（表十）來幫助自己解決問題。

首先，由此時此刻去回憶近期的經驗，將你在本週、本月，或近期感知到的壓力項目，一一記錄下來，填寫在表十中。

填寫完壓力項目後，請自我檢視遇到這些壓力時，當下的反應是什麼？

- **戰**：面對它，正面迎擊。
- **逃**：不去想它，甚至逃避它。

◆**僵住**：陷入低潮，或情緒上的歇斯底里。

最後，重新檢視你所填寫的內容，並嘗試將「逃／僵住」的反應轉化為可迎戰的行為反應，接著再嘗試將「負面」的迎戰反應轉化為「正面」的反應。

例如：遇上一個總是愛怒罵你的主管，倘若你發現自己原本的反應是「請假」（逃），可以找一些方法，將自己調整為至少可以去上班、面對主管（戰）；而當你面對主管時總是會無法控制地哭泣（僵住）或罵回去（負面迎戰）時，可以先找信任的同事聊一聊，討論如何用更適當的語言來反應（轉為正面迎戰）。

如果認為問題解決不了，可以將這些壓力蒐集起來，訂下「化壓力為力量」的策略。例如：透過進修、參加社團來轉移自己的注意力。

表十：壓力與反應記錄表

時間	壓力項目	反應		
		戰	逃	僵住
本週	A. ____ B. ____ C. ____ D. ____			
本月	A. ____ B. ____ C. ____ D. ____			
近期	A. ____ B. ____ C. ____ D. ____			

第10堂課 爆發力的基本特質

成為有信念的人

位於臺灣東部的花蓮，有一處狹長的平原，是由嘉農溪和馬鞍溪的潺潺之水，匯集到花東縱谷所形成的，加上環繞在四周的馬錫山，圍出了一個美麗的鄉鎮。這裡是花蓮縣的光復鄉，出火車站後沿著街道走十多分鐘，你會看見兩所並鄰的中、小學，分別是光復國小和光復國中，直至今日都還在為臺灣孕育傑出的運動員。

光復國小的後門佇立著一間小店，藍色的鐵皮屋頂搭上綠色的鐵皮外牆，整體造型再簡單不過。即便牆上正中漆著「刨冰、飲食」的位置，色調漸褪，甚至有點斑駁，但它右邊的那塊綠色角落卻明顯受到最精細的照顧，因為這裡畫著一個沒有臉孔的「打棒球的人」，身旁圍繞著滿滿觀眾，紅白相間的油漆，勾畫出大大的三個字：「全壘打！」

原來，「全壘打」三個字，不只是棒球場上球迷呼喊的口號；在這個曾經將許多窮小孩養成知名職棒選手的小鄉鎮裡，「全壘打」儼然是深植於文化中的「信念」：嘿！努力一點，你可以把球打到這裡來。

這幅肖像也告訴我們，要培養「爆發力」另一件重要的事，就是你要先成為「有信念的人」。

十六號選手也是出身自光復國小的職業運動員，所以當心理學家親眼目睹「全壘打」這三個大字時，心裡實在好生羨慕：難怪你可以有這麼堅定的信念，原來是從小整個鄉鎮都這樣教導你們啊！

十六號選手搖搖頭：不是這樣的。我做這事不是因為別人要我做，而是因為我喜歡、我想要，我覺得我做得到。

心理學家恍然大悟：因為「我喜歡」，所以我們「專注」；因為「我想要」，所以我們「恆毅」；因為「我做得到」，所以我們有能力「爆發」。

覺得我能，以致我真的能。

這就是養成爆發力的「信念」。

覺得我能，於是我真的能

我們來談一位運用「我真的能」信念的高手，他是意義心理治療法的創始人維克多．弗蘭克（Viktor Emil Frankl）。弗蘭克是猶太人，曾經被長期拘禁在集中營，過著饑寒交迫、苦不堪言的生活，他與父母及家人一同被囚，但活著離開集中營的卻只剩下弗蘭克。可以想見，他需要擁有多麼強大的心智，才能順利度過這道生命難關。

弗蘭克在集中營裡經歷過什麼呢？在他的自傳《活出意義來》（*Man's*

Search for Meaning）中，是這樣說的：弗蘭克走在冰天雪地裡，磨破的鞋底露出腳上的凍瘡，幾乎一步都走不動了，但後頭的人還是吆喝著叫他快點向前走；他抬起顫抖的雙腿面對這無助的時刻，腦袋想像起一個畫面：他穿著正式服裝，站在明亮的大講堂裡，他走上講臺，為眾人述說自己如何走過集中營裡冰天雪地的酷刑……

許多年後，弗蘭克真的活著走出了集中營，並且也真的在明亮的大講堂裡，為聽眾述說這段經驗。

覺得我能，最終，我真的能。

這就是醞釀出「爆發力」的信念。

從「欲望」發現「意願」，形成「信念」

這種信念要怎麼培養呢？

我們試著回到弗蘭克的理論來思考。他說，現代人面臨一個很大的挑戰，就是有愈來愈多人對生命感到空虛且無意義，弗蘭克稱之為「存在的虛無」。

人與動物最大的差別，就是「人」並非僅僅仰賴「本能」來做事；而現代人與古人的區別，則是不再由傳統價值來告訴我們該做些什麼。身為現代人，我們需要知道自己的基本意願是什麼，否則，就只是從眾地跟著別人去做別人想做的事，或者聽從極權去做別人想要我們做的事。這種缺乏基本意願的行為，往往讓人覺得空虛且無意義。

所以，培養「信念」的開始，就是要學習發現，自己內心深處存有哪些「基本的意願」。

什麼叫做存在心裡的基本意願呢？整體來說，就是一種「起碼想要為自己做點什麼」的動力。

心理學家想起自己遇見弗蘭克的開始，或許就是一個處於「缺乏基本意願」的狀態。當時，心理學家還是大學生，某天她和情人分手了，心頭空空地躺在地上當了好一陣子的遊魂。有天她覺得自己不能再這樣下去了，於是從地上爬起來，整裝出門，走進一間書店，剛好在書架上看到弗蘭克所寫的《活出意義來》這本書，她打開來看，深深為裡頭的文字著迷，頓時間她發現內心深處浮現起一股「想為自己做些什麼」的力量。她把《活出意義來》帶回家，希望自己未來可以成為一個更有深度、更有能力的人。

想為自己做點什麼的感覺，就是心理學家發自內在的基本意願，她發現自己並沒有真的想要為了一段短暫的戀情而墮落成一個無能為力的人。後來，這個「想做點什麼」的感覺慢慢擴大，逐漸形成「想成為心理學家」的想法，然後才是「我可以當一個心理學家」。

覺得能，以致真的能。一份基本的心願擴大成不只是意願，而是一份夢想，讓我們所做的事情對自己來說，變得每件都有意義。

至於十六號選手呢？從小他的意願大概就挺明確的：我想要打棒球。但他並非一路順遂，在棒球路上也是經過不少磨難，才終於成為職業棒球選手。然而，正當他好不容易在圈子裡熬出一片天，黑道卻找上門來，脅迫他放水打假球。你想像一下，十六號選手一個人被槍押著、被金錢誘惑著，遭受逼迫去背叛自己熱愛的事物，如果你是他，你能堅持自己的意願不受動搖嗎？

雖然十六號選手那時還不認識弗蘭克，但他心想：如果背叛自己的意願，屈服於脅迫去做那些不願意做的事情，那麼他的棒球生涯，不就變得一點意義也沒有了嗎？他萬不願意妥協呀！但也因此被整得十分淒慘，原本應該是要令他感到安穩自在的球隊，卻好像變成不知道下一刻又會發生什麼壞事的不定時炸彈。親朋好友都勸他放棄算了，保住小命比較重要，但他探問自己的內心，卻是無論如何都想留在棒球場上。

「我想挺過去。」「我可以挺過去的。」一股發自內心想為自己做點什麼的意願浮現出來，在十六號選手最無助的時候，留住心底那顆希望的種子。於是他愈是受到打壓，就愈是認真地打球，即便他所屬的球隊因為假球事件解散了，失業的他卻靠著先前不肯妥協所打出的好成績，以外野手身分獲得最佳十人獎，並得到重返職棒的機會。

弗蘭克曾經說：「人類最偉大的成就不是成功，而是用無比強大的勇氣，去面對不可改變的命運。」—十六號選手和心理學家從自身經驗中，確確實實地看見這種可能。

從發現「我想為自己做點什麼」的意願開始，請你緊緊地盯住自己心裡的這份念頭，讓它逐漸變得具體，直到化成「我可以成為什麼」的信念。

我們是人，所以會有「欲望」。

面對欲望，我們便得知了「意願」。

明白意願，我們才有所依靠地形成「信念」。

而一個有信念的人，往往也是個擁有爆發力的人。

實作練習 10

落實目標

當你想要醞釀自己更深層的爆發力時，可以使用以下這個表格（表十一）來進行練習，儲備未來得以發揮的能力。

將你喜歡的事物一一填寫在以下表格中。並接著思考，因為這份喜歡，所以你想要為自己訂下什麼樣的目標，以及為了這個目標你想採取的行動。

表十一：落實目標記錄表

我喜歡 （心意）	所以我想 （目標）	為什麼我可以做得到？ （行動）

第11堂課

嘗試錯誤

轉個角度，看見可以發揮的地方

當你去看一場棒球比賽，通常票價最貴的座位，會集中在離打者最近的地方，那裡稱為「內野」，時常熱鬧滾滾，有青春洋溢的啦啦隊跳著應援舞蹈，呼喚人們內心的熱血。

而離「內野」最遙遠的位置，也就是離打擊者距離最長的全壘打牆附近，則稱為「外野」，通常觀賽群眾最稀少，也不用對號入座，某些球場的外野觀眾席甚至沒有座位，只是種上一片可以席地而坐的草地。

駐守在外野的棒球選手，也就是我們常常聽到的「外野手」。以臺灣各地的球場來說，全壘打牆離本壘的最短距離，大概是四百呎（一百二十一點九二公尺）。你可以想像一下，看守外野這幾個位置的棒球選手，就跟古代官員發配邊疆的感覺差不多，你身上扛有把守邊關的重責大任，但地處偏遠蠻荒，得要特別聚精會神去觀察內野打者的舉動，才能判斷他會不會突然來個長打，將球打落在你的責任區域內，需要你耳聰目明，或跑或跳或滾地將球抓進手套，再來個長傳美技，將對手的得分希望滅頂。

棒球就是這樣極端的運動，你得要能靜得下來，又要馬上能夠動得起來。就像人生一樣，靜下來的時候是在蓄積力量，而動起來的時候又考驗你掌握機會的速度。我們同時可以用這個概念來看待「爆發力」的形成，它是一種結合「速度」與「力量」的心智能力。

重點是，當我們的人生正處於「安靜」的時刻，你能不能很快地意識到，此時此刻其實具有某種「蓄積力量」的生命意義，而別只是把它視為要把你打趴的死亡幽谷。在低潮困境中，還願意看見自己的貢獻與力量，這也是心智鍛鍊的課題。

愈是安靜的時刻，愈有機會嘗試錯誤

棒球比賽最精采的地方之一，在於打擊者和投手之間的對決：投手要想辦法投出打擊者打不到的「好球」，而打擊者則要設法撈到投手投出「好球」的機會，將它打成一支漂亮的安打。

你有聽過棒球選手努力要將壞球打成安打嗎？幾乎沒有。因為把握「好球」，一直都是大家最直接的思考方向。

然而，日本有一位鼎鼎大名，還曾被球迷稱為「變態Batting」的棒球選手鈴木一朗，將近二十七年的職棒生涯中，他在日職、美職總共打了四千三百六十七支安打，是全世界至今難以超越的打擊紀錄。這麼會打安打的鈴木一朗，偏偏有個讓人十分驚奇的特質：擅長將「壞球」打成安打。這完全與「打好球、閃壞球」的一般原則相反，莫非鈴木一朗真的異於常人，擁有什麼球都能打的怪奇能力呀？

我們來回顧一下，過去鈴木一朗接受媒體訪問的時候，是怎麼談論自己這種「能力」的。

鈴木一朗坦承，從一九九四年起，連續好幾年時間，他也曾陷入低潮，不但看不清楚球的軌跡，也對揮棒失去信心。這種心情一直持續到一九九九年四月十一日，鈴木一朗在和日本西武隊對戰的比賽中，突然頓悟自己該要有的打擊姿勢與節奏。詭異的是，雖說一九九四到一九九八年之間是鈴木一朗的低潮期，但他的打擊紀錄卻仍年年拿下太平洋聯盟的打擊王。

這是怎麼一回事啊？一個對自己失去信心的打者，卻還能保持打擊王的紀錄，莫非老天爺真的給予「天才」如此極端的待遇？鈴木一朗後來自己解了這個謎團，他說：面對低潮，其實是一連串「嘗試錯誤」（Trial and Error）的過程，不怕做錯地不斷嘗試，直到你心理上覺得自己重新站起來為止。

換句話說，鈴木一朗也許天生實力優於一般棒球選手，但如果只有實力，並不能幫他打造出四千三百六十七支安打的超級成績。鈴木一朗之所以異於常人，是他懂得在生命陷落時，也就是被一般人視為「低潮」、「困境」的時刻，安靜地透過「嘗試錯誤」的練習，從一連串錯誤中獲取新的經驗，並將這些失敗經驗反覆思考，用來建構出下一次的成功。

因為「嘗試錯誤」的信念，讓鈴木一朗反其道而行，不只是打「好球」，更保持著對於「壞球」的侵略性。你可以想像，在這樣的操作方法下，他可嘗試的練習次數會比一般選手多出多少？難怪他的內在雖然不安，打擊率卻還是比別人高。或許，正是帶著「不管別人怎麼看，只知道自己想做什麼」的篤定，去面對無法預期、無可控制的未來，才讓鈴木一朗成為日本職棒圈中最偉大的運動員。

走過低潮後，鈴木一朗面對媒體訪問時，是這麼說的：「過去，我雖然不放棄每一次攻擊，努力地嘗試錯誤，卻好像還是若有似無，難以掌握；但現在，球場上的一切，就像數學公式一樣清楚。那一刻開始，我有自信永遠不會再輸給投手，也不會像過去那樣緊張惶恐了。」

你說，嘗試錯誤有什麼不好？勇於失敗又有什麼不行？依照鈴木一朗的經驗來看，掌握所有失敗的可能，人生反而沒什麼好害怕的了。

有些貢獻與價值，需要「轉個角度」才能看見

講到「爆發力」，我們會想到棒球場上一個有趣的形容詞：「炸裂」。意思是說，這位打擊者不得了，不斷打出安打、全壘打，棒子火燙得簡直像要炸裂開來了。

可以想見，棒球選手多想要挑戰這種「炸裂」的境界，想當上全壘打王、安打王、打點王……渴望成為在攻擊上對球隊有貢獻的角色。許多棒球獎項，也都是針對這類攻擊的功能來設計。然而，除了攻擊者，那些被使用在「犧牲」戰術的角色，難道就沒有貢獻了嗎？但你有看過哪種比賽、哪個職業運動聯盟，特別為了「犧牲」的貢獻來頒發獎項？答案是沒有，一個都沒有。

我們先來談談，什麼是有貢獻的「犧牲」呢？

在棒球場上，「犧牲觸擊」是相當常見的戰術：當場上有隊友已經站在得點圈（通常指的是較有機會跑回本壘的「二壘」或「三壘」位置），出局數還

未達兩人出局（只要三人出局就會結束一個半場），且雙方比數相當接近的情況下，教練很可能就會下達短打、犧牲觸擊的戰術來強迫取分。這個「犧牲」的戰術，常常會讓打者被封殺在一壘壘包前，但是對方選手接球的同時，二壘或三壘上的隊友卻很有機會往下個壘包邁進。換句話說，這是用打擊者自己的出局數，來護送隊友前進下個壘包的戰術，對打者來說幾乎是必死無疑的打數，但卻有很高的機會，為球隊爭取得分。

打擊者這樣的「犧牲」，對於團隊得分具有絕對貢獻，因此在棒球規則的保護下，這種「犧牲」是不計打數的，也不因被狙殺而影響打者的打擊率。從規則的角度來思考，我們會發現：「犧牲」原來不是全然不被人看見的，雖然檯面上可能沒有積極的數字進帳，卻也沒什麼特別的損失；反之，用這個出局數幫助球隊的打者推進壘包，卻可能創造出更多得分機會。

所以，適時犧牲自己，看似沒有貢獻的背後，卻為團隊創造更大的可能。

想到這裡，你還會覺得「犧牲」的意義，真的只是「犧牲」這麼簡單嗎？如果我們選擇成為願意轉換角度來看待事情的人，或許，就得以看見「犧牲」

所帶來的意義與價值。就像美國第三任總統傑佛遜（Thomas Jefferson）所說：「點燃蠟燭照亮他人者，並不會給自己帶來黑暗。」

•「太過渴望」與「太過害怕」的阻礙

如何「轉個角度」來發現自己可以發揮價值的所在呢？關於這個問題，我們又要回到意義治療法大師弗蘭克身上，來談談他首創的一種心理治療方式：矛盾意象法。

「矛盾意象法」的概念很有意思，整體來說可以用一句話來形容：你想要什麼，就反過來做。比方說，想要治療失眠（渴望晚上好好睡覺），那麼上床之後，反而就要嚴格要求自己不可以睡著。奇怪，當你反過來做以後，常常就覺得突然好想睡覺了。

弗蘭克說，這是因為我們對於某些事物「太過渴望」了，或者「太過害怕」無法獲得這些事物，無形中為自己樹立了許多心理障礙，結果愈渴望的事物愈無法成真，而愈害怕的事物卻噩夢成真。

如果再將這個現象說得更科學一點，這是因為我們心中存在一種「固著的邏輯」，比如對於「失眠」這件事，我們的邏輯可能是這樣的：如果失眠沒睡好，明天就會沒有精神，事情就會做不好。當我們一直卡在這樣的思考路徑中，心智便會失去彈性而看不見其他可能，事實上，如果晚上睡不著乾脆起來好好工作，搞不好一個之前延遲已久的問題就這樣解開了，而忙完後心無罣礙，便使人睡得更香更甜。

所以弗蘭克才會說：當你想要什麼，而始終辦不到，那不如就反過來做。

這種「矛盾意象」的思維，同時也與鈴木一朗使用的方法不謀而合：如果連「好球」都打不好，那不如也好好掌握「壞球」吧！當然，也可以呼應棒球「犧牲打」的精神：如果打擊無法帶來貢獻，那麼即便是「犧牲」，也要讓自己對團隊有所價值。

一直往前衝刺，不見得是達成目標的唯一方式，適度學會轉彎、後退，甚至另尋出口，才能創造更多抵達終點的可能。不管是球場上或人生旅途上，都是同樣的道理。所以有句話是這麼說的：「當看不見隧道盡頭的光時，就是你打開出口的機會，位置由你決定。」

你的人生不一定要和一般人一樣，在大家習以為常的思考路徑中發光發亮。當你感覺自己難以在「正常」的道路上發揮，這可能也正是你用獨特方式來自我證明的時刻。鈴木一朗如此，十六號選手和心理學家也曾經如此。

但願有朝一日，你會發現自己亦是如此。

實作練習 11

嘗試錯誤

當你覺得自己的能力發揮到一個程度，已經開始陷入瓶頸時，可以使用以下這個表格（表十二）來協助解決問題。

首先，一一記錄你心中十分強烈的渴望和欲望。例如：我好渴望被人看見、我好渴望出人頭地、我好渴望比賽能得到冠軍……

「渴望」被記錄下來後，請用另一個角度去思考，這份渴望背後是不是因為害怕失去什麼？或是特別想要抓住什麼？例如：我好渴望被人看見、出人頭地，因為我害怕別人不尊重我、隨意就拋棄我；我好渴望贏得冠軍，因為害怕自己不夠傑出會讓父母失望……

最後，運用這個篇章所提到的鈴木一朗和弗蘭克的「反過來做」的概念，你覺得自己可以做些什麼樣不同的嘗試？把各種方法盡量寫下來，方法愈多、愈有創意，和以前愈不同，可能對你愈有幫助。

例如：我怕別人不尊重我，那我就先刻意去尊重別人吧！因為覺得父母一定會對我失望，那不如我就先擺爛吧……

持續嘗試上述的方法，直到感覺現況有所突破為止。

表十二：嘗試錯誤記錄表

我渴望	我害怕	我可以嘗試

第12堂課

光靠一個人是不夠的

伯樂也需要千里馬

唐代文學名家韓愈寫過一篇文章〈馬說〉，篇幅極短，只有一百八十個字。開頭是這樣的：「世有伯樂，然後有千里馬。千里馬常有，而伯樂不常有。」意思是說：優秀的千里馬在世間並不罕見，但要千里馬能遇到看見牠優點的伯樂，這件事就不容易發生了。為什麼呢？因為少了伯樂的眼光，即便千里馬有再好的資質，也可能會看不清自己可以發光發亮的所在，或者欠缺讓牠發揮能力的舞臺。所以韓愈在文末寫道：「其真無馬邪？其真不知馬也！」感嘆這世間不是沒有良馬，只是少了能夠真正認識良馬的伯樂。

短短一段文字，很多人在閱讀時體會到的是韓愈內心那股懷才不遇的心情。當然，就現代人的眼光來看，韓愈貴為唐宋古文八大家之一，無疑是了不起的人物，若真要用馬來比喻，也絕對是匹千里馬無誤。所以站在感性的眼光，我們當然要替韓愈抱不平：哎呀！這麼傑出的才子，怎麼當代人如此愚昧，無法看見你真正的光亮呢？

然而，站在理性的角度，卻值得我們轉換角度來好好想想：可是，韓愈他又是怎麼了？明明如此有才華，為何沒辦法讓君王真正認識他？

同樣的道理，如果這樣的事情發生在我們自己身上，除了怨嘆懷才不遇，是否也能好好反思一下：我們究竟是怎麼了，讓別人無法真正看見和理解我的才華，以致找不到可以充分發揮的舞臺？

背後的原因真的都只是老闆沒眼光，真的只是命運弄人、倒楣鬼上身，這麼簡單而已嗎？

有沒有可能還有一些我們自己看不見的盲點，使得我們空有才華而無法好好發揮呢？

成為千里馬，你要先能夠看見自己

韓愈說過，千里馬並不難找，言下之意，要成為優秀的人才，其實並沒有那麼難。尤其現在這個年代，資訊取得相當便利迅速，人人都有機會透過各種學習，來讓自己從「庸馬」逐漸進化成「千里馬」。

特別是當科技愈來愈發達，各類知識訊息的取得與更新速度加快，透過網路的便利，甚至不需要移動身體，就能瀏覽全世界。彷彿我們呼吸的空氣裡都充斥著知識和訊息，只要透過手邊的電腦和通訊器材，鍵入幾個字就能輕鬆獲得，取得成本也十分低廉。

就像老話說的：「沒有醜女人，只有懶女人。」現在這個年代，也沒有所謂的「天生庸才」了，只有「懶惰魯蛇」。

倘若你不信的話，我們再來看看實際發生在十六號選手身上的事。

對於棒球，十六號選手從小時候初次接觸開始，就有著滿腔熱愛，可惜一直到高中，教練們常常給他的評語是：「哎呀！你實在不是千里馬。」想想，如果這狀況發生在你身上，明明你對一件事物喜愛得緊，別人卻老是搖搖頭，勸你還是轉行比較實在，你會怎麼辦？

此時，我們要注意兩件重要的事：一、你要先往心裡看，確認自己的「喜好」依然存在；二、你要開始學習看見，並且評估自己「實際的能力」。

好的，在第一件事情上，十六號選手向來是十分能看見自己對於棒球的「喜好」，於是當他被打槍，卻發現自己仍然熱愛棒球時，便領悟了一個道理：當我真的喜歡，而別人不覺得我可以做到時，就該讓自己沉潛下來。如果這種時候，我們只是不服氣，想要反駁或說服別人「我就是辦得到」，只會惹來更多嘲笑，對事情一點幫助都沒有；我們實際可以做的，就是「沉潛下來」醞釀能力，並且接受事實：現在還不是容我爆發的關鍵時刻。

有了這種「實際」的認知，我們內心才有空間，能夠看見並且評估自己最真實的狀態。

十六號選手就是這樣走過來的，他說：「不服輸，但要認輸。」這種心態幫助他，不會始終停留在「找不到伯樂」的自怨自艾中，而能進入到彎下腰來、醞釀實際能力的工作階段。

十六號選手怎麼進行呢？他善用了自己對網路和閱讀的興趣，透過上網或書籍來蒐集運動生理學領域的最新知識，尋找有助於身體訓練的各種影片，同時也透過影像來拆解自己的打擊動作，再從網路上其他各國選手的千萬支影片中，去檢討自己的打擊姿勢，並從中調整……

十六號選手透過「認輸但不服輸」的心態，付出努力來提升他在別人眼裡的「平凡」資質，讓自己的能力有機會晉升到「優秀」等級，而後出人意表地，他在職棒領域獲得了年度MVP，也曾入選國手；而最重要的是，他比許多年紀輕輕就被視為「千里馬」的棒球天才，與自己真心喜愛的事物相處了更長遠的時間。

從這個角度來看，你就會明白，所謂「爆發力」不是指短短瞬間的燦爛煙火，而是我們能不能持續在自己喜好的面向上，有所發揮。

看好你的，是伯樂

十六號選手的故事或許會讓有些人感到落寞，你可能覺得自己一直以來也是這麼努力呀，怎麼就沒像十六號選手一樣，努力就能成功呢？

此時就要回到「伯樂」這個議題了。既然古文已經告訴我們，千里馬常有而伯樂稀有的道理，那你想想，我們還有本錢當一個宅在屋裡等待伯樂的人嗎？伯樂都已經那麼少了，難道你還想被動地等他走到你家門口來呀？當然是自己也要走出門外去，找找看哪裡會有伯樂，感覺自己遇見的時候，就趕快把握，不要讓他走掉呀！

有「世界的王」之稱的王貞治，他與荒川博的師徒情，就是讓許多人津津樂道的千里馬與伯樂的關係。

王貞治和荒川博在一九五四年認識，當時是每日隊選手的荒川博看出了還在念國二的王貞治打擊姿勢問題所在，建議他將左投右打的習慣，改為左投左打，後來王貞治因為升學不順利，還是荒川博介紹王貞治到他的母校早稻田實業高等學校就讀。一九五九年，王貞治進入巨人隊，初期的打擊成績並不理想，而荒川博居然緊接著於一九六二年加入巨人隊擔任打擊教練。在兩人既有的情感下，荒川博發現王貞治在投手做出投球姿勢後，會習慣性地先將身體重心往後，等到要揮棒時再把身體往前挪，因此拖慢了揮棒速度，才打不出好成績。於是，這一年荒川博為打擊不理想的王貞治進行改造計畫：採用金雞獨立式的打擊方式，大大提升王貞治的打擊能力。不僅如此，荒川博還額外指導王貞治，使用武士刀練習揮砍由天花板垂下來的溼紙片，而且非得練到砍得又快又準才行，否則紙片會黏在刀上，根本就砍不斷。因為這樣的特別訓練，讓王貞治練就了精準的打擊技巧，掌握瞬間揮擊的本領。

攤開當時的數據來看，王貞治在荒川博當巨人隊教練前一年的打擊率僅有二成五三、全壘打數十三支，但到了荒川博進入球隊開始指導王貞治的一九六二年，他的打擊率提升到二成七二、全壘打數三十八支，並且很快地，一九六三年王貞治的打擊率來到三成零五、全壘打數為四十支……這種優秀的成績一直持續到一九七〇年、荒川博離開巨人隊前，王貞治的打擊率再也沒有低於三成，每年的全壘打數也從未低於四十支。

你想，一場始於一九五四年的緣分，卻開啟了長達十六年的互信互助，這種陪伴成長的感情，在他們人生中會是多麼值得感念的回憶！

所以當荒川博在二〇一六年十二月過世，王貞治接受媒體採訪時，相當感傷地說：「因為荒川的熱情教導，才有現在的我。只有一個人是不行的……」

這句話說明了什麼？在伯樂和千里馬之間，從來都不只是「看見」和「被看見」的單向關係，荒川的熱情，得要王貞治能接收得到；王貞治的進步與否，也得要荒川能感受得到，他們倆才會在同步的信任關係中，共同創造令人敬佩的成果。

十六號選手的生命中也有一位願意信任他的伯樂，那是二〇〇五年他被誠泰 Cobras 選入，正式踏入職業棒球領域時發生的事。

十六號選手並非天才型選手，剛開始加入職棒時，也未被列入球隊的先發名單，但當時的體能教練孫昭立卻看見十六號選手的潛力和不足之處，開始卯起來加強訓練他的體能技術，要求他一年只能夠放假五天，就連春節期間，孫教練都犧牲自己的假期陪著十六號選手訓練，過程相當嚴格。

十六號選手也曾埋怨教練操得太凶，但碎唸個幾句，依然只能摸摸鼻子跟著孫教練指定的訓練菜單持續練習。教練為了修正十六號選手的打擊姿勢，要求他打擊時需要抬腳，這對積習已久的棒球選手而言，可不是件容易的事：身體必須忘記過去的習慣，重新記憶全新的打擊姿勢。經過好幾年的調整與適應，十六號選手在打擊能力上有了明顯的進步。

二〇〇八年，孫教練看好十六號選手長期訓練培養出的能力將會在球場上發光，果然，如教練所料，十六號選手在當年打出漂亮的成績，繳出三成三的高打擊率。

我們可以這麼說，孫昭立這個伯樂看出了十六號選手擁有成為千里馬的價值；但十六號選手也要懂得把握住伯樂，透過伯樂的指導與琢磨，才能讓自己成為真正的千里馬。

在心理學中，有個叫做「系統觀」的概念，指出一件相當重要、但常常被人忽略的事實：一個巴掌拍不響。關係是需要雙方的努力，才能共同撐起來的，所以一段關係成就與否，其實並不單單只是誰做錯或做對了什麼，而是彼此都有責任。

在這個世界上，許多具有強大爆發力的成就，也往往不是一個人就能辦到的，所以尋找像伯樂與千里馬一樣，能夠彼此看見的夥伴關係，常常對於培養心智中的「爆發力」，具有絕對關鍵的影響。特別是當我們處在「好像總是成不了事」的狀態時，尋找這樣的夥伴，又格外重要。

不看好你的，也是伯樂

伯樂除了可以是那個看出你價值的人，也可以是那個直接指出你弱點，或原本不看好你的人。

十六號選手還在念高中時，棒球打得並不出色，被分在C隊的他心有不甘，於是為自己訂下一定要升上A隊的目標，每天都很努力的自我訓練。當時球隊教練蔡啟生即便看到十六號選手已經這麼努力了，卻還是直接點出他並非天生就是打棒球的料，甚至開玩笑地說：「別打了，回家種田吧！」

沒想到，十六號選手不但沒有因此遭受打擊，心裡還想：「教練的話真實在！或許這麼說就是想激勵我更加努力吧！」

更有趣的是，因為教練的「勸退」，反而讓十六號選手更確認自己的未來志向就是要往職業棒球邁進。因此當十六號選手日後成為優秀的職棒球員時，回想起過去點滴，便特別感念這位曾經勸他回家鄉種田的「貴人」，畢竟有了這樣的「伯樂」，才激起他不服輸的鬥志。

你說，這是不是驗證了一個道理：雖然你不能決定別人說什麼，但你絕對可以決定自己如何看待那些言語。

如果可以，我們都希望生命中有機會能遇見那位懂你、願意指導你、給你機會的伯樂，但也不要因為遇不到「期望中的伯樂」而感到沮喪。身在現代的我們，其實已擁有更多資源能夠主動去看見伯樂，甚至有能力和自己心目中的伯樂對話。

謝謝你，願意看見我。

謝謝你，願意不看好我。

謝謝你們，願意透過這樣的眼光，讓我更努力地栽培自我。

實作練習12

尋找伯樂

當你覺得一個人能力有限，想要尋求外援，或你實在對太過在意別人眼光的自己感到困擾時，可以使用以下這個表格（表十三）來協助自己解決問題。

首先，一一記錄那些看見你好處和總是不看好你的人，把他們的名字填寫在表格中。

接著，思考這些看好與不看好你的人，帶給你什麼回饋？例如：我長得不夠好看、我的外語能力不夠好；我的反應很快、我的學習能力特別強……

每一條從別人那裡收到的回饋，都請你進一步檢視，你覺得這樣的看法正確與否？你可以用○和×在下列表格中標示。

最後，根據這些回饋的內容，寫下你的整體目標，哪些是你想改進的？哪些是你重新投胎都改變不了的？哪些是別人覺得你很不錯但自己沒發現的？而那些不能改變的，有什麼可以彌補的方法？例如：長得不夠好看，就學習品味與打扮；反應不夠快，但是十分體貼，所以就去尋找「體貼」這個特質可以發揮的地方……

表十三：尋找伯樂記錄表

	對象	我從他們身上看見…… （評估正確與否）	調整的方向
看好我的人	1. ______ 2. ______ 3. ______	1. ______（　） 2. ______（　） 3. ______（　）	
不看好我的人	1. ______ 2. ______ 3. ______	1. ______（　） 2. ______（　） 3. ______（　）	

PART

4

穩定力

低潮時刻修復自我的能力。

我們來思考一個假設性的問題：

如果，在今天比賽中，有一位運動員表現出奇得好，於是教練在賽後用力地誇獎他，一一數出他展現出哪些驚人美技；明天，這位運動員將再度出賽，你覺得在被教練誇獎過後，他明天再次面臨同樣的狀況時，會表現得更好、還是更差呢？

倘若我們再換個角度來問這個問題：在今天比賽中，這位運動員的表現比平常更差，教練忍不住把他罵了一頓，當他明天再次出賽，你覺得他的表現會變得更好？還是更差呢？

著有《快思慢想》的美國心理學家康納曼教授，曾經跨領域從經濟學角度來探討這個問題，他認為：當一位運動員某天表現超乎預期時，緊接著的下一次表現，有很高機率會不如這一次的水準；反之，如果某天運動員表現比平常水準還差，那麼他下次卻有很高的機率，表現會恢復正常。

換句話說，完成一件事情之後，「被誇獎」或者「被訓斥」的經驗本身，可能會帶來一些心理激勵或貶抑的效果，但真正影響這種短時間（從今天到明天）表現的因素，其實是統計學中，一種叫做「迴歸平均值」的概念。它的意思是說，假設你是打擊率三成的選手，也就是每十次揮棒，就會打出三支安打，可是不知道為什麼，你今天不管怎麼打，連續揮棒十幾次居然都打不出一支安打，這個狀態就叫做「低於平均值的表現」。按照科學的觀點，其實不用太擔心這種狀況，因為通常明天的表現可能就會「回到平均值」；同樣的道理，你覺得今天手感超順的，就像被神附身一樣，揮棒十次居然打了七、八支安打，也不要高興得太早，甚至期待明天還會有這種超凡的表現，因為很有可能明天你就「回到平均值」了。

所以說，我們每個人的表現水準，其實是兩個因素相加的結果：「因努力而形成的個人能力」加上「外在不可預期的運氣」。你可能今天運氣特別好，但實在不太可能天天運氣都這麼好；你可能今年運氣特別差，但也絕對不可能年年運氣都這麼差。

然而，有趣的是，我們明明知道統計學這麼說是有道理的，但當事情發生時，卻還是忍不住要去套用一些「不存在的因果關係」。比方說：「你看看，他昨天表現那麼好所以我誇獎他，但一被誇獎他表現就沒昨天那麼好了，就跟你說不要隨便誇獎，一誇就沒了！」下次你再聽到有人這麼說，可以在心裡偷偷翻個白眼，因為這種「因果」套用實在是沒什麼道理。

只是，當這種「不存在的因果關係」進入我們腦袋，變成一種「信念」時，你就可能會因為「誤信」了一些毫無邏輯的規則，而影響自己的心情，甚至進一步影響到實際的行為表現。

這時你就要想起「回到平均值」的概念。它給我們一個很重要的啟發：「運氣」本身雖然會影響表現的起落，但如果我們好好掌握「因努力而形成的能力」，那麼就算衰神附身使得狀況一直好不起來，「能力」的穩定存在，卻讓我們不至於差到永遠無法翻身。

總有一天，我們會從各種低潮和衰敗中，回到自己能力該有的表現水準。

「即便面臨低潮，還願意信任自己能力」的心智狀態，便是我們接下來要談的「穩定力」，它包含兩個面向：穩定自己可掌握的「能力」，以及穩定面對不可預測的外在因素時（比如：運氣）的「心情」。

我們再來想想，「穩定力」這件事，古人會怎麼思考呢？

這個問題，我們可以用「守」這個字的概念，來做進一步的討論。

（守，金文）＝（宀：房屋）＋（寸：手持器械）

守，是由「宀」和「寸」組合起來，而「寸」是一個「手拿器械的人」，「宀」在這裡則看成是「房屋」的意思。一個人手拿著器械、保護著房屋，就變成「守」這個字的意思了。

想鍛鍊我們內在的「穩定力」，也是這樣的過程：面對生命低潮，心裡有很多情緒波動時，感覺一定非常不好受，生活也十分煎熬。但不管我們怎麼怨天尤人，你都不可能改變自己當下的運氣，這時，難道我們什麼都不做了嗎？

在我們的經驗中，人之所以在低潮中更加低潮，往往是因為不知道自己可以做些什麼；而人之所以可以從低潮中翻身，常常是因為發現了自己可以確實掌握的事情。

守，不是什麼都不做，而是明白：不管置身於各種處境，我們總是「可以掌握些什麼」，只是可能需要花些時間，去把適合我們使用的「器械」（方法）找出來。

逆境中，人往往有機會認識不同面向的自己。這就是「穩定力」所帶來的心智能量。

第 13 堂課

有難度的習慣，加上幸運小習慣

建構生活中的心境模式

時間回到二〇一三年三月八日，地點是日本東京巨蛋。這天，是世界棒球經典賽複賽中，日本隊對上中華隊的比賽。賽前，中華隊所有選手已有心理準備，這將是一場艱難的戰役。

比賽走到三局下半，中華隊的林哲瑄因四壞球保送而上到一壘，當時一人出局，一、三壘有人，此時，人稱「恰哥」的彭政閔上場打擊，日本投手能見篤史一個觸身球，讓彭政閔站上壘包，形成了滿壘、一人出局的局面，下一棒打擊的選手是綽號「大師兄」的林智勝，而我們的十六號選手則緊接在林智勝後面，也進入到打擊預備區待命。

全場觀眾緊盯著場上的投打對決，不僅是中華隊球迷殷殷期盼著，連在打擊預備區的十六號選手都希望林智勝能擊出滿貫全壘打，不然來個安打或高飛犧牲打都行，因為得分就差這麼臨門一腳了。

很可惜，林智勝打成了內野上空的飛球，遭到接殺，形成兩人出局的狀況。當時，攻上三壘的郭嚴文難掩緊張的神色，因為這一局只剩下一個機會能從強隊日本手上攻下分數。

這下壓力全轉移到十六號選手身上了。全場都在關注，到底是日本投手能見篤史能夠安全下莊？還是十六號選手能一展身手為球隊建功呢？

不用多想也知道，這壓力可是大得很，我們十六號選手也顯得相當緊張：這麼接近得分的一刻，前面已經兩人出局了，他深怕自己一個不小心，這難得的得分機會也跟著溜走。

如果你是十六號選手，那是日本東京巨蛋啊！密密麻麻的人潮，更何況還有遠在臺灣的同胞們熱切期待，心情該是如何呢？

還好，十六號選手已經提早「預習」過這種緊張，他想像過自己在比賽場上可能會面臨的各種壓力情境，所以在比賽前一晚，他做了一件事情：透過球隊的情蒐小組，取得不少能見篤史的分析資料，並且詳細研究能見篤史的情蒐分析影片。

所以，此刻站上打擊區的十六號選手，心裡雖然堆滿緊張，腦袋裡卻擁有充足的能見篤史相關數據，包含能見最常投出的球種、球速、好壞球比例、控球能力等等，面對無法預期的緊張和壓力，十六號選手知道自己可能很難完全去除這些不可控的東西，因此只能把握自己能掌控的。

十六號選手眼睛盯著日本選手能見，將關注焦點放在腦袋裡的敵方資訊：依照情蒐，他知道能見篤史的壞球比例高、控球能力不好，而三局下能見篤史的控球表現，也確實與情蒐分析相當吻合。十六號選手判斷，在這種滿壘、兩人出局、雙方都未得分的情況下，他和能見ＰＫ的就是「心智穩定度」。十六號選手心想，此時可能止是對方較急躁、壞球可能性高的狀態了，那麼自己得要更沉穩地去面對每一顆球，別急著出棒，才能製造最佳的得分機會。

果然，能見一開始就投出三個壞球，臉部表情寫上了更沉重的壓力。十六號選手決定下一顆球繼續等待，因此接下來的一顆好球，他並沒有揮棒，場內響起了日本隊為能見這顆好球加油的掌聲。但十六號選手知道，再耐心地等一等，機會可能就來了。果然，接下來的一顆球，能見投出了壞球……心理攻防下，十六號選手最終獲得四壞球保送，將三壘的郭嚴文擠回到本壘。中華隊因為十六號選手的心智穩定度，得到了寶貴的第一分。

所以你想，心智中的「穩定力」，重不重要呢？在關鍵時刻，「穩定力」甚至可以成為我們使出攻擊的殺手。

・刻意培養具有難度的習慣

「穩定力」要怎麼養成呢？

十六號選手其實是從恰哥彭政閔以及同隊的陳冠任身上所獲得的領悟。

十六號選手在二〇〇九年進入兄弟象隊，與恰哥和陳冠任成為同隊選手後，有機會近距離地觀察他們，思考這兩位選手的高打擊率從何而來？十六號選手觀察後發現，他們的高打擊率與「耐心選球」有很大關聯。

陳冠任在二〇一〇年，曾創下跨季連續一百一十三個打席無三振紀錄，這可是相當了不起的數字，至今都未被超越，因此陳冠任從二〇一一到二〇一三年的打擊率都能突破三成。至於恰哥彭政閔呢？他除了打擊率穩定維持在三成以上，二〇〇九和二〇一〇年這兩年的四壞球保送紀錄都是當年度最高的。出色成績背後的祕密，就是他們心智上的穩定。

既然透過觀察，發現培養耐心對於心智穩定如此重要，十六號選手自然也樂於效法這個原則，來培養自己更能持續地在穩定的狀態裡。

十六號選手做了什麼呢？首先，他更規律地去從事一些對提升技能有幫助的習慣。比方說，在職業賽季過後，春訓期間，他會在隊訓之外的時間，一早就到球場，拉著裝滿棒球的籃子，獨自練習揮棒打擊。

一個籃子約莫可以裝兩百五十顆球，如果你想再裝滿一點，大概可以堆到兩百七十五顆，而十六號選手的習慣，就是拉著三個裝滿棒球的籃子，揮棒練習，直到所有的球被打完為止。

如果你想體會這是什麼樣的感覺，那不如去拿支掃帚，左右手上下握緊，開始揮打、揮打、揮打……數數看，打到第幾下，你會覺得手痠？而且，這還只是揮棒而沒有擊打棒球的狀況。

這樣的自我訓練，當然是很累的，雖然那時是三月的臺灣，但沒冷氣的室外還是很熱呀！這樣的磨練，卻是運用了「刻意練習」的精神，來培養鍛鍊心智上的穩定。

從「做不到」，刻意練到「做起來很累」，然後再練到「做起來得心應手」……人的心智，也在這個過程中，不知不覺地沉穩下來。

這麼「機車」的自我對待方式都能實踐了，外頭的風雨於你，又有何懼？

所以說，「穩定」是伴隨「堅持」而來的。「堅持」久了，我們內在自然像大海，能容納百川。

・建立自己專屬的「幸運小習慣」

除了苦情的訓練方式，十六號選手身上，還是有一些可愛的小習慣。比方說，在數字上，他特別喜歡五和六，老愛挑在時針走到五或六的時候出門。

如果我們仔細觀察一下，十六號選手每次上場打擊前，站在打擊預備區時，會做出什麼樣的預備動作呢？

他會拎著球棒，噴上止滑劑，然後雙手緊握，將球棒抵在地上為中心，屈起雙腿蹲在地上，擺動、喚醒大小腿的肌肉，左、右、左、右……（做了六次）接著抬起身子，整理裝束、拉開全身筋肉，起身後左右手持著球棒的頭和尾，把自己全身當成球體，左右大幅度地晃動，左、右、左、右……（又是做了六次）再接著是甩動球棒，左手甩、右手甩……（還是六次啊！）最後是練習打擊揮棒的姿勢，揮、揮、再揮……（真的又是六次呀！）

每一次的打擊，十六號選手都有一連串，如同公式化般、卻又行雲流水的動作。你會感覺到，他好像在這個咒語般的公式裡，進入到自己的棒球世界。

不論前一刻是紛擾或是歡樂，下一刻將成英雄還是遭受怒罵，透過這樣的儀式，他正設法引領自己進入穩定的狀態，來順利完成場上的工作。

這種儀式般的行為，我們稱為「心境模式」。簡單來說，指的就是那些會讓你「感到幸運」、「心情平靜」、「喜樂安定」的模式化行為。

只要是人，我們可能都會面臨一些壓力情境，不妨和十六號選手一樣，為自己尋找、設定一個「心境模式」。

怎麼找呢？其實，所謂的「心境模式」是一種很直覺的產物。比如，哪天你覺得自己好像過得特別順利，那時你可以問問自己：我今天接觸過什麼人事物呢？哪些人事物回想起來，對我來說特別具有「帶來好運」的象徵意涵？

如果你狀況好的時候，嘗試問問自己這個問題，某些連結著美好回憶的人事物或情境，可能就浮現出來了。

它可能是個幸運數字、幸運物、幸運的味道；或者，它是個情境般的海洋邊的畫面、海風吹在臉上的感覺；又或者，是童年時你坐在父親膝上被擁抱的一種感受……

你可以把這些人事物和情境，透過想像，附著在你身體上的任何一個部位，就像十六號選手的屈膝、擺動身體時總要高舉雙手，可能都有他親自賦予的心理意義。往後，當你感覺到內心不穩定時，請你靠近自己身體的那個部位，讓那些曾經在你心理上提供穩定感的情境，浮現出來。

例如，當你用右手貼著心口，腦袋就會想起童年被爸媽責罵而跑出家門時，巷口賣香腸的阿姨為了安慰你而遞過來的香腸……

這就是「心境模式」。透過想像和練習，你也可以擁有它。

實作練習13

建構心境模式

請先找一個不受打擾的空間，然後做幾個深呼吸，讓身心放鬆下來。

接著，讓自己腦海中浮現出與「放鬆」、「幸運」等正向字眼相關的想像，這可能包括過去的生活經驗，或是你知道會讓自己能量提升的人、事、地、物或是場景。這些正向的經驗描述可能是單一的，也可能是複合式的。

舉例來說，單一的幸運物可能是：紅色衣物、珍珠奶茶……複合式的幸運經驗則包括：童年躺在媽媽懷裡的溫暖、踩在沙灘上海風吹來的感覺……

請把所想到的一一列下來，並且為它們勾選，分別與五感中的視覺、聽覺、嗅覺、味覺、觸覺的哪些部分相關。例如：珍珠奶茶對你來說可能是

「味覺」的愉悅。

從你列出來的幸運項目中，挑選出容易取得、容易想像，並對現在的你有幫助、有意義的項目，進一步描述在下列表格（表十四）中。

接著利用NLP神經語言學的概念，將這個心境的場景，與你身體的任何一個部位進行連結的想像。比方說，當我將右手放至胸口，腦中就要能很快想像到這幅畫面。

持續進行這樣的想像練習，直到你的「心境畫面」能和「身體部位」連結在一起為止。

日後，當心情起伏不定時，請試著啟動你的「心境模式」。

表十四：心境模式建置表

五感 / A. 幸運項目 B. 達成時間	視覺	聽覺	嗅覺	味覺	觸覺	觸發部位
[例] A. 吹海風的快樂 B. 2019.11.30	閉上眼睛	聽見海風聲	聞到海水味		風吹在身上	右手放胸口
A. ______ B. ______						
A. ______ B. ______						
A. ______ B. ______						
A. ______ B. ______						
A. ______ B. ______						

幸運項目可包含：人、事、地、物、景

第 14 堂課

成為心智穩定的「拆彈專家」

混亂中的系統化思考

二〇〇九年十月三十日，臺北街頭湧上拉著布條的人群，隊伍中不時傳出啜泣哽咽聲，其中有許多人身著與棒球相關的服裝。一位穿著白色T恤的熱血青年，手持大聲公，躍上人群中心的平臺，大聲喊著：「全體球迷站出來！讓棒球繼續轉動！」

這是二〇〇九年，職棒簽賭事件再次發生後，喜愛棒球的球迷自發組成的街頭活動。由於黑勢力的介入，讓原本就經營不易的職業棒球，幾度面臨幾乎全面殞落的景況。

認真說起來，十六號選手也算是應對職棒簽賭黑勢力的老手了。二〇〇八年，十六號選手所屬的職業棒球隊要尋找新買主，他先是失業三個月，等到球隊開開心心迎來新東家，選手們興奮地穿上新球衣後，卻發現新東家的管理層級「來頭」並不簡單，是由許多黑道勢力所組成，目的是要指使選手配合地下賭盤運作，在比賽中適時放水。

黑勢力的招數可多了，有時候身段放軟、偷偷塞錢給你，有時候來個美人計、找個漂亮美眉在宿舍門口堵你，有時候看你真的不聽話，只好拿槍出來嚇你……搞得選手個個心神不寧又筋疲力盡。

你想想，身在這樣水深火熱的壓力下，是不是得要有相當穩定的心智，才能全身而退、堅守原則？可是，在這麼巨大的環境壓力下，又要如何鍛鍊內在心智的「穩定力」呢？

其實，當我們被巨大的環境壓力給籠罩時，內在心智狀態如同身處槍林彈雨中。此時，我們有兩件事情可以做：第一，「分析」周圍的炸彈，有沒有實際爆破的危險性？第二，「拆解」有實際危險的炸彈，來降低它的殺傷力。

分析壓力：是真實危險？還是內心焦慮？

用廣泛的定義來看，所有需要耗費力氣的事情，其實都會對我們造成「壓力」。所以「壓力」並非全是壞事，可分成對我們有幫助的「正面壓力」，以及讓我們感到苦惱的「負面壓力」。

而「負面壓力」的背後，常常伴隨兩個惱人的「心魔」：第一隻心魔的名字叫「焦慮」，另一隻則是「恐懼」。

「焦慮」和「恐懼」這兩隻討人厭的心魔，有什麼不同呢？

你仔細想想就會發現，「焦慮感」往往帶有「非理性」的特質，也就是「我不知道自己在擔憂什麼」；而「恐懼感」則大多是面對具有危險的外在事物時，所產生的反應。所以「負面壓力」的產生，可能包括「實際出現的危險」，以及「想像出來的威脅」。

綽號「無鞋喬」的美國職棒選手喬・傑克森（Joe Jackson），是大聯盟賽場上相當知名的棒球天才。他小時候家境困苦，十歲時染上麻疹幾乎致命，恢復健康後，一直到十三歲才有機會進入棒球隊。因為當時所穿的鞋子不合腳而起了嚴重的水泡，所以他跑壘時常常打赤腳，因而有了「無鞋喬」的稱號。

無鞋喬在美國大聯盟出賽十三年，打擊率高達三成五六，在大聯盟排名第三，但這位傑出的棒球天才，卻因涉及美國職棒地下簽賭案「黑襪事件」，而遭終生禁賽。

一九一九年，芝加哥白襪隊含無鞋喬在內的八名棒球選手，被控在世界大賽中涉嫌放水。此事在次年球季末東窗事發，八位選手進入高等法院應訊。據說，人群中有個勇敢孩子站出來問無鞋喬：「喬，告訴我，這不是真的吧？」許多無鞋喬的球迷認為他絕不會為了一萬美金而出賣棒球，更翻出他在那系列比賽中零失誤和高打擊率的表現，來為無鞋喬爭取清白。

雖然事件發生後，無鞋喬本人鮮少出來為自己辯駁，但電影《陰謀密戰》（*Eight Men Out*，另有直譯為《八人出局》）裡頭卻出現了這樣的畫面：無鞋喬拒絕收錢，白手套卻還是硬塞了一萬美金在他的枕頭下，成為日後難以動搖的鐵證……

有人感嘆，像無鞋喬這樣從小只知道打球、一路孤單長大的孩子，怎可能抵禦得了白手套和黑手套的雙重壓力？

站在今日科學的眼光，我們借用當年發生在這些運動員身上的事，來分析「壓力」背後的本質。

所謂「焦慮感」，就像面對白手套的壓力。白手套可能是當事人的親朋好友，受到指使而進行利誘，他們對於運動員可能有人情包袱，但是這樣的壓力其實並不會帶來實際的危險。真正可怕的是帶有槍枝、躲在暗處等著突襲威脅的黑手套。

所以，想要解決環境壓力，我們得要把「外在壓力」的實際危險程度，一一區辨出來才行。

不知道自己在擔憂什麼時，就仔細想清楚那個擔憂是什麼。我們會發現，許多原本覺得可怕的事物，有人半都是想像出來的。

拆解壓力：把「原子彈」的殺傷力，降低為「手榴彈」

當我們能分析周圍的壓力，標示出每個項目的實際危險程度後，就可以進入下個階段：像拆解炸彈般地拆解壓力，以降低環境壓力可能帶來的殺傷力。

棒球是高失敗率的運動，再怎麼優秀的打擊者，十次打擊裡頭，平均而言要面對六、七次的失敗，所以因為打不好而被教練罵、被球迷酸，幾乎是職業選手生涯中必然經歷的過程。

在職棒圈子待了超過十五年，十六號選手也成為應付流彈的專家了。比如說，當他打不好時，記者特地拉出他在某段區間的比賽數據，然後言之鑿鑿，說十六號選手一定是受到什麼影響而一蹶不振。很多人若是看到這種對自己的負面批評，難免心情不好，想要極力避開，但十六號選手反而去分析這些數據的內容，並且發現記者的評論其實不太專業。

接下來他該怎麼辦？出言反擊嗎？不！他悄悄記下這些數據，等待哪天有機會再提出反駁。

「君子報仇，十年不晚。」這句話是當外在批評衝擊到我們內心的自我要求時，一股自我緩和的力量；等著看吧！「時間」總會證明，事情不見得是你以為的那樣。

那麼，表現不好知道教練會罵人，又要怎麼辦呢？不如提早一步請教練喝咖啡，討論一下該怎麼改進自己的打擊技巧。

可是，網路上還有一堆酸民耶！一人一張嘴，請咖啡都請不完，又該如何是好？那就貼一張帥氣照片，或者參加公益活動，繼續尋求支持。

面對「外在壓力」的衝擊，要像這樣拆開壓力，直到可以「對症下藥」。

從不被看好的挫折感，到面對黑暗勢力的恐懼心，十六號選手就是這樣一路走來的。

即便外在干擾讓心智無法平靜，我們還是要帶著一顆「拆彈專家」的腦袋，來看清壓力背後的本質。

實作練習14

拆解壓力炸彈

在你朝向目標前進的過程中，遭遇挫折，以致內在感到混亂時，可透過下列的練習來協助自己解決問題。

首先，將壓力來源一項一項列出，並分別透過「內在感受到威脅」和「實際危險程度」的高低，分析這些壓力項目，在下列量表（表十五）上標示出來。

接著，將壓力源分析過後，你可以把實際危險程度較高的項目提取出來，進行本章提到的「拆彈練習」。

至於內在威脅感受高、但實際危險程度低的項目，則可進一步思考：為何你會害怕那些實際上並不可怕的東西？

表十五：壓力炸彈指數量表

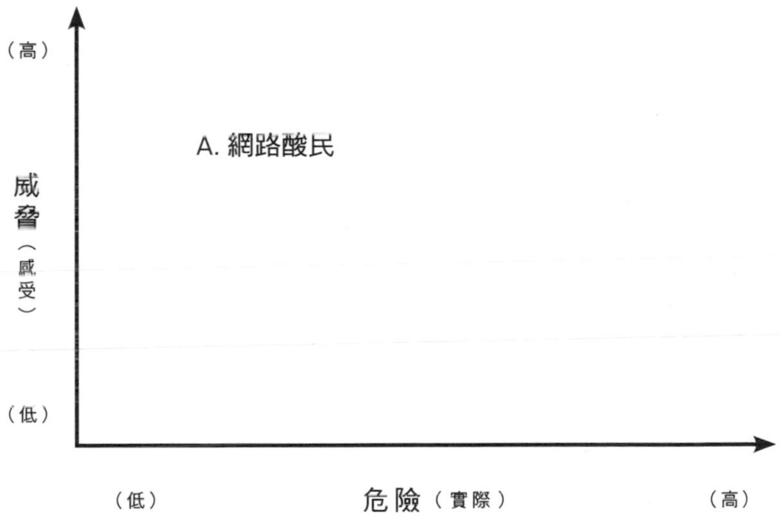

做法：

1. 列出壓力項目並標示 A、B、C、D……等代號。

   A. (例) 網路酸民______

   B. ______

   C. ______

   D. ______

2. 將各項目代號標記在指數量表相應的危險及威脅程度上。
3. 針對「高危險」項目進行拆彈練習，其次是「高威脅」項目，記錄在下頁表十六。

表十六：拆彈計畫表

	壓力源分析	拆彈方式	進行時間
壓力炸彈 1： __________	1. __________ 2. __________ 3. __________	1. __________ 2. __________ 3. __________	1. __________ 2. __________ 3. __________
壓力炸彈 2： __________	1. __________ 2. __________ 3. __________	1. __________ 2. __________ 3. __________	1. __________ 2. __________ 3. __________
壓力炸彈 3： __________	1. __________ 2. __________ 3. __________	1. __________ 2. __________ 3. __________	1. __________ 2. __________ 3. __________

第 15 堂課

聖人和庸人

在「不穩定」中找到韌性與自由

生而為人，我們難免有心願、有夢想、有對未來的憧憬，如果可以，誰不想要順遂地一步步朝目標前進？可惜的是，很多時候偏偏事與願違，渴望的人事物卻無可獲得，讓人黯然心傷。

倘若你有過這種經驗，或許周圍的親朋好友好心勸說：別想了，放下吧！不要執著。

這樣的說法，看來好似在鼓勵我們要穩定自己的心，但在實際做法上，卻可能變成我們穩定心智的一種障礙。

因為這背後存在一個有趣的現象，我們姑且稱之為：聖人迷思。

庸人為何要自擾？

有句話是這麼說的：「天下本無事，庸人自擾之。」關於它的出處來源，有許多種說法，最早可回溯到春秋時代的一段史事。

春秋戰國時期是中國歷史上有名的群雄割據時代，根據《春秋》記載，庸國是當時的強國，屹立超過一千一百年。然而，在西元前六一一年，這樣強盛的庸國卻被當時的楚國國君楚莊王給滅了。原因是楚莊王剛上任時沒有好好料理國事，楚國鬧了饑荒，於是庸國趁機攻打楚國，沒想到最後楚莊王聯合巴國、秦國，殲滅了庸國。

之後有人感嘆，庸國放著好好的安樂日子不過，偏要去招惹人家楚國，結果反而落得個亡國下場。據說，「庸人自擾」的概念最初便是這樣來的，後來又被延伸成「沒事找事」、「自找麻煩」的意思；而「庸人」二字傳著傳著，也被白話解讀成「庸碌平凡之人」了。

然而，我們再往故事的細節深入探究：在春秋戰國那個紛亂的年代，各國之間常常是相互出兵，紛爭不斷，而庸國在楚莊王之前，也曾經被楚國出兵騷擾過許多次。你想想，這感覺就好像是，別人家爸爸來打過你爸爸，後來你以為他兒子廢到不行了，自然也會想趁機去打他兒子，來幫自己老爸報仇，省得哪天他又打過來你家，是吧？

當然，我們無論如何是不可能訪問到庸國國君當年攻打楚國的想法了。但可以想像，倘若當年庸國沒有輸，而是贏了那場戰爭，還會有所謂「庸人自擾」的說法嗎？不！「庸人」搞不好變成英雄霸主，而傳下來的諺語可能會是「楚人自滅」，白話解釋說不定會變成「楚楚可憐的人自取滅亡」……反正古文翻成白話文嘛！用不同角度來想像，好像也並無不可。

從這件事我們可以得到幾個結論：第一，我們的心智，決定我們如何看待以及解讀周圍的人事物；第二，一件事情的發生，往往有許多我們腦袋可能想像不到的原因與後果。

所以對心智真正有幫助的「穩定力」，並不是在低潮時，就要勉強自己馬上放掉那些帶來負面感受的事物，而是先試著去思考自己為何如此感受、如此解讀。換句話說，即便是「庸人自擾」，也要明白，內心那股成為「庸人」的動力是什麼？因為，「我終於明白自己為何如此」的心態，遠比「我希望自己不要再這樣」，來得更有力量。

理解自我、理解他人，有助於我們看清整件事情的局勢；看見事物的不同面向，則讓我們內在多了選擇空間；知道自己還可以有不同選擇，我們才能更坦然地去面對生命中各種困境與難題。

所謂的「穩定力」，便是透過「理解」來看見「選擇」，以致換來心智上真正的自由。

聖人天生就不會哭？

那麼，什麼是「聖人迷思」呢？它對穩定心智可能產生什麼樣的障礙？

簡單來說，這種心態就是本能地否認、壓抑自己真實的感受，表現出一副聖人般平淡超然的模樣。

這就像我們心智上明明正在經歷驚濤駭浪，卻還有著不合理的期待，想要當一艘不受風雨擺盪的汪洋中的大船。我們可能會去閱讀新的知識、請益看起來有智慧的人，想辦法多做點什麼來讓自己好過一點……但你有沒有想過，如果已經做了很多努力，情況卻還是沒能獲得改善，而你也沒辦法真正的好起來呢？

最有可能的原因是，我們其實搞錯了鍛鍊「穩定心智」的方向，所以不知不覺耗費太多時間，期待透過「外在」努力來擺脫處於困境的焦慮感，而不是多花些時間來靠近「內在」的感受，直到有機會明瞭自己內心究竟發生了什麼事。

生而為人，我們常常太過努力地要去否認、掩飾自己內心的真實，以避免自己受到傷害，確保自己可以走在所期待的軌道上。我們可能太過渴望當個有智慧的人，擁有超然的、平靜的、能讓自己全然掌控的人生，於是我們最終忽略了，那些被記錄在青史上的古聖先賢，最撼動人的地方往往不是他們的成就有多麼偉大，而是他們大多數是願意坦承內心痛苦和脆弱的勇者。

聖人、偉人和那些令人感佩的成功人士，從來不是一開始就長得一副正氣的模樣，可以乘著蓮花在天上飛，看淡世間冷暖。他們大多痛過、苦過、掙扎過，最後才走出一條原本可能從沒想像過的路。

一個成功的人，如果缺少「苦難」的歷練，就稱不上真正的偉大。同樣的，如果我們遇到事情時，永遠只有「別想了」這類應對招數，也實在難以擴大心智韌性，朝向真正穩定的人生發展。

「時候還未到」的放下，只是為我們的人生埋下更多令人嘆息的遺憾。回首過去，有時候你會發現，我們已經不知不覺地成為「聖人迷思」下的犧牲者了。

是被別人嚇到？還是被自己的反應嚇到？

如何才能擺脫這種迷路般的思維呢？

首先，我們得要瞭解心理的運作機制：很多時候，我們之所以會想要否認，甚至逃離自己原先設定的目標，往往不是因為目標出了什麼問題，而是在追求目標的過程當中，可能被自己親近某些人事物時的反應給嚇到了。

在這樣的體驗中，原本不熟悉的自己，像背後靈一樣，一片一片地冒出來驚嚇你，讓你一時之間不知該如何是好。換句話說，你可能並不是真的受到外在人事物的威脅，而是透過他們，看見了那陌生的自己。

這樣不好嗎？

靜下來仔細想想，發現自己原來還有自己不曾見過的面向，真的不好嗎？如果那樣的自己就是如此真實地存在著，我們真的有必要將「他」關在不見天日的心智深處的地牢裡嗎？

需要把某部分的自己辛苦藏起來的我們，能獲得真正的穩定與快樂嗎？

近代心理學家法蘭西絲・帕克斯（Frances Parks）解答了這個疑問。她從臨床研究中發現：發生中年期和更年期憂鬱症背後的原因之一，便是因為人們在中年以前的生命歷程中，與自己感受過於疏離所導致的結果，而這種現象在男性身上尤其常見。

解決這個問題的方法，便是重新回到內在，願意看見、關心，並且承認自己的感受。透過這個過程，我們也將看見內心更深層的渴望，進而重新調整目標與夢想，甚至是改變原本的價值觀與生命定位。

生命中的「不穩定」，是為了更踏實的「穩定」而存在著。它在對我們述說一件非常重要的事情：去吧！你該離開這個舒適圈了，因為你有能力成為一個更穩定、更成熟的大人。

實作練習 15

情緒穩定力

請先閱讀完本篇章對於「庸人」與「聖人」的詮釋。接著請自我評估，你是個會沒事找事的人（擴大情緒感受來自我干擾）？還是個自律甚嚴的人（不允許自己有外顯的情緒反應）？透過下列量表（表十七），評估你的自擾程度與壓抑程度，找出自己的情緒象限。

自擾程度高、壓抑程度低的，為「庸人型」：雖然情緒干擾多，但起碼願意表達出來，就還有解決的可能，只是可能需要承擔較多人際關係上的罪惡感。每次情緒發生後，整理焦慮感源頭為何，逐次練習放鬆自己的焦慮源，是「庸人型」朝向穩定的方法。

自擾程度低、壓抑程度高的，為「聖人型」：雖然表面上的情緒起伏不大，但內在想法卻不少，且大多不願表達出來，因此在人際上，比較容易成為「追—逃」模式中，被追打的那個。能夠逐漸練習去表達自己的想法，是「聖人型」朝向情緒穩定的方法，並且需要向自己澄清的是：表達「想法」並不等於表達「情緒」，相對來說已經是比較安全的做法了。

自擾程度高、壓抑程度也高的，為「矛盾型」：攙雜了上述兩種類型「庸人型」和「聖人型」的特質，所以常常過得比較辛苦，即便表面上看來風平浪靜，心裡可能已積累不少內傷。「矛盾型」朝向情緒穩定的方法，也需要內在整理和外在表達同時並進，哪裡容易就從哪裡先著手。

自擾程度和壓抑程度都低的人，為「自由型」：這樣的人其實挺令人羨慕的，即便外人看他狂風暴雨，但只要他覺得自己沒事，往往活得比其他三種類型的人還要自在。既不用太重視他人眼光，便能比較自由地表達自我。

而這也代表「穩定力」的終極方向：在意時能表達出自己的在意，沒有太在意時更是隨心所欲。這樣表裡如一的真實，便是真正的穩定。

表十七：情緒穩定度量表

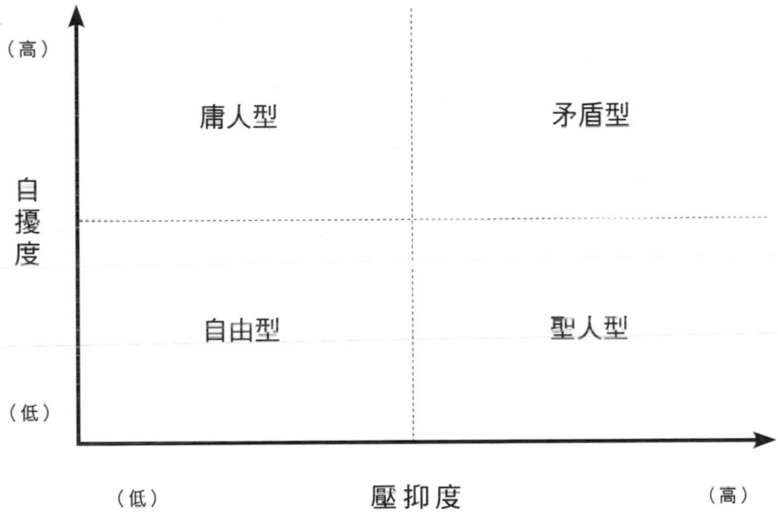

第16堂課 「生氣」不等於「不高興」

與自己和他人磨合

每個人都有感受（情緒），但我們面對自己的感受，卻可以有無數種解讀和處理方式。有些人習慣將「情緒」視為穩定心智的天敵，有些人則習慣深入「情緒」來解決不穩定心智的源頭。

國際非暴力溝通中心（The Center for Nonviolent Communication, CNVC）曾經編製一份「感受詞彙表」，整理了可用來描述各種情緒的相關語詞。這份詞彙表將人的感受概分為兩大類：一是需求滿足時的感受，另一則是需求未被滿足時的感受。前者的感受是偏正向的，後者則是負向感受。

需求被滿足時的感受，有哪些類別呢？包括：愛、自信、感恩、平靜、投入、振奮、愜意、懷抱希望、煥然一新。

需求未被滿足時的感受，則包括：擔心、隔閡、尷尬、困惑、反感、軟弱、沮喪、緊張、疲倦、震驚、氣惱、悲痛、渴望。

講到這裡你會發現，人們對於「需求未被滿足」時的負向感受，層次遠比「需求被滿足」時的感受來得複雜。更麻煩的是，負向感受已經有這麼多類別了，每一類還可以用各種不同的形容方式來表達。

像「擔心」這種感受，就可用害怕、膽怯、憂愁、憂慮、恐懼、恐慌、恐怖、驚恐、驚呆、慌亂、慌張、焦慮、不祥的預感、心煩意亂、心神不寧……來替代。這麼多代表不同感受的語詞所描述的心理本質，其實都是相仿的。

「感受詞彙表」的存在告訴我們兩件重要的事情：第一，內在的感受系統實在太龐雜了，所以我們很容易弄不清楚自己的感受狀態，自然也常常在面對內心感受時不知所措；第二，人與人之間，可能會用完全不同的形容方式來表達同一類感受，因此人們的溝通才時常容易產生誤解。而上述這兩大問題，又特別容易出現在需求不被滿足的負面時刻。

理解這個概念後，我們再回過頭來思考：怎麼樣才能在需求不被滿足的那些時候，還能夠維持心智上的穩定呢？

你會發現，答案呼之欲出。

首先，我們要懂得辨別自己的感受狀態是在哪個層次；並且能夠學習，和周圍親近的人去核對、澄清，以及辨識彼此的感受層次。

這同時也說明了培養心智穩定度時，兩個重要的方法：一是「覺察」，二是「溝通」。

覺察，是一種與自己內在的磨合。也就是我們願意去發現，原來我可能有某些感受、想法或行為上的盲點。

溝通，是一種與外在他人的磨合。也就是我們願意去理解，我可能和我自己想的不一樣，或者，別人也可能和我們想的不一樣。

「雞同鴨講」不一定是壞事

某天，心理學家和十六號選手一起討論本書內容時，發生了一點小爭執。心理學家敏感，覺得心裡就是有股「氣」過不去，於是問十六號選手：「你在生什麼氣？」

十六號選手說：「我沒有在生氣，是你想太多了吧！」

在我們的生活周遭很容易聽到類似的對話。那麼，到底是一方真的有氣，還是另一方真的想太多了呢？

如果你們實際有在生活中相處、互動，答案可能是：都有。只是，彼此對於事情的描述以及處理方式不同。

於是心理學家只好換個方式來問十六號選手：「不是在生氣？那你講話幹嘛那麼不高興？」

十六號選手想想後說：「我是不高興，但不是生氣。」

好吧！這下恍然大悟了，原來，「生氣」和「不高興」不一樣！

當然，聽到這裡有些人還是可能會感到困惑：什麼？「生氣」和「不高興」，到底哪裡不一樣？

答案是，「生氣」和「不高興」的強度不一樣。

這感覺就像，A要送B一份禮物前，很希望這份禮物能讓B開心，可是B打開禮物後，只淡淡地說了句：「謝謝。」A心裡就不舒服了：你收到禮物不開心嗎？B卻覺得很冤枉，他明明就很開心呀，怎麼A這樣說他呢？

其實，這是因為他倆對於「感受」的強度定義以及處理習慣，大不相同。

如果你理解這個道理，就會發現遇上這種A、B之間「雞同鴨講」的狀況，不見得是件壞事。倘若我們能突破溝通中「對牛彈琴」的感覺，你會發現，每個人實在都有些盲點，是需要透過這種關係的衝撞，才能被看見的。

重點是，哪些時刻、哪些事情，值得我們耐著性子去突破這股亂流，而不是想辦法迴避它呢？

我們先撇開「關係」的親疏遠近，回到「目標」的概念來談：當你覺得這個時刻、這件事情，是能幫助你達成理想、超越自我的，也許，你該選擇的就不是避開不看，而是想辦法去突破窘境。

・「穩定力」是指有能力處理「不穩定」的人事物

世界最早的電子樂器中，有一種魔術般的琴，它的名字叫做「特雷門」（Theremin），是由俄國發明家李昂・特雷門（Léon Theremin）發明的。

這種樂器包含兩個天線般突出的金屬結構：分別是長而直的金屬桿及環狀的水平金屬圈。演奏原理是利用手和天線結構之間的距離遠近，來影響其振盪的迴路與頻率，以發出各種不同音高的聲音。然而從視覺來看，由於手的位置沒有明顯記號可參考，演奏家彷彿在空氣中隨興地演奏，卻能彈出動人旋律。

這種樂器的難度相當高，極少人有能力好好地駕馭它。

「特雷門琴」是怎麼誕生的呢？說來神奇，特雷門原本是諜戰發明家，專為俄國研究各種竊聽設備，當他在一九一九年無意中發明了「特雷門琴」後，由於這東西實在太難了，發明出來也只能先放在一邊，派不上用場。誰知，特雷門後來偶然遇見失意的音樂家克拉拉．賴森博格（Clara Reisenberg），兩人的合作居然促使特雷門從諜戰發明家轉型，成為世界知名的音樂家。

賴森博格是誰呢？她出生在音樂世家，四歲進入聖彼得堡皇家音樂學院主修小提琴，是該學院史上最年輕的學生，但青春期時卻因持弓的手臂得了關節炎，被迫放棄小提琴家之路，前途堪憂。

有意思的是，特雷門和賴森博格兩人後來都移民到紐約，因同為俄國移民而彼此認識了。特雷門琴被彈奏時，那種在空中揮舞雙手的絢麗視覺效果深深吸引賴森博格，借來玩玩之後，她很快發展出一套獨特的操控技巧，同時間亦給予特雷門修改特雷門琴的建議。

之後，賴森博格居然開始用特雷門琴來演奏古典音樂，超凡的表演方式打破許多人對古典音樂的想像，也使特雷門琴受到矚目，她持續這種表演方式直到晚年，被譽為世界第一位「電音」樂手。她的合作夥伴特雷門，則在歷經長時間政治清算後，進入莫斯科音樂學院，成為教授特雷門琴的音樂家。

好的，聽完這個合作無間的故事，你會覺得腦袋嚴謹的發明家特雷門，和天馬行空的音樂家賴森博格，是天生契合嗎？

當然不可能啦！在那個諜戰年代，大環境的動盪紛擾就不多說了，存在他們兩人之間的衝突和情感糾葛更是數算不完。然而，如果他們沒有硬著頭皮，在彼此專業上相互磨合，現在可能就沒有特雷門琴的存在了。

在特雷門和賴森博格之後，現今特雷門琴已經被世界各地許多知名歌手運用到他們的演唱會上。

當我們和迥異於自己的夥伴相遇時，其實也代表我們正一步步踏出、遠離自己的舒適圈，通往人生的冒險旅程。所以很多時候，遇見新夥伴不見得是「幸福快樂」的開始，反而是「重重磨難」的源頭。

但從心理學的角度來看，這對於人的自我成長有一個非常重要的意義：你正在學習看見與接納不同的自己。

而這種時刻的發生，通常是心智深處的聲音，知道你已經準備好了，所以它主動去為你尋找一些難題，來讓你想辦法超越自己。

所以說，「心智穩定」的終極目標，其實就是培養出一種得以處理生命中「不穩定」人事物的能力。

實作練習16

情緒表達力

請使用下列由國際非暴力溝通中心編製的感受詞彙表（表十八），來開展對於自己與他人的情緒認識。

表十八：感受詞彙表

需求被滿足時	
愛	友好、同情、溫柔、溫暖
自信	力量、開放、自豪、安全、安心、成就感
感恩	感激、感動

需求被滿足時	
平靜	從容不迫、清醒、鎮定、安靜、放鬆、放心、寬慰、安詳、安寧、寧靜
投入	興趣盎然、好奇、專心、專注、全神貫注、陶醉、入迷、著迷
振奮	激動、興奮、熱情、活潑、有活力、有生氣、精力旺盛
愜意	舒服、滿足、喜悅、愉悅、欣喜、高興、開心、喜洋洋、歡喜、驚喜、幸福、心花怒放、興高采烈、心曠神怡
懷抱希望	期待、鼓舞、樂觀
煥然一新	恢復活力、新生、精神煥發、復原、復甦

需求未被滿足時	
擔心	害怕、膽怯、憂愁、憂慮、恐懼、恐慌、恐怖、驚恐、驚慌、慌亂、慌張、焦慮、不祥的預感、心煩意亂、心神不寧
隔閡	冷淡、冷漠、麻木、孤單、疏遠

尷尬	難為情、不自然、窘迫、懊惱、內疚、羞愧、慚愧、遺憾、悔恨
困惑	猶豫、為難、不知所措、暈頭轉向、失魂落魄
反感	敵意、懷疑、警惕、輕蔑、厭惡、不喜歡、痛恨、怨恨
軟弱	脆弱、虛弱、無助
沮喪	喪氣、灰心、氣餒、失望、悲觀、失意、惆悵、沉重、無望、淒涼、鬱悶、抑鬱、不幸福、絕望
緊張	不安、敏感、小心翼翼、戰戰兢兢、坐立不安、心急如焚、透不過氣、崩潰
疲倦	困乏、疲累、疲勞、透支、疲憊不堪、沒精打采、筋疲力盡
震驚	吃驚、驚訝
氣惱	不滿、煩、煩躁、挫折、不耐煩、不快、惱火、氣憤、憤怒
悲痛	傷心、悲傷、心碎、悲哀
渴望	羨慕、嫉妒、苦苦思念

（資料來源：https://www.cnvc.org/）

PART

5

孤獨力

在群體中保有自我的能力。

棒球場邊的紅土上，有一個用白線勾畫出來的小圈圈，那是下一棒打者的預備區。就像跑大隊接力一樣，每一位即將上場的打者，都會拎著自己的球棒，站到這裡來調適心情。

說來有趣，漆上白色線條的小圈圈明明是死的，卻又好像靈活地等在那裡，引誘你和它對話。狀況好的時候你踏進裡面，就像整個人被真空包裝了源源不絕的能量，推動你氣定神閒地走向勝利一擊；狀況不好時，即便你只想在旁邊徘徊而根本不想走進它，它還是要帶著小惡魔般絮絮叨叨的耳語，想辦法找空隙鑽進你的思緒，把你推向失敗的打擊。

這裡可以是你思考戰略最清晰的地方，也可以是你情緒最交錯複雜的地方。從走近到離開它，我們內心可能已歷經好幾波轉折，然而在偌大的運動場上，即便有成千上萬的球迷望著你，拚了命為你加油打氣，終究沒有一個人可以體會你此刻的心情——比如，有時打得好是運氣，場邊興奮地喊著我愛你，但只有自己才明白這只是僥倖。

別人以為的，不等於就是你實際的狀態。如果你沉溺在別人以為的你，那麼你可能更難發揮自己真實獨特的潛力。

紅土上的白色小圈圈，是讓我們隔絕眾聲喧嘩的場域，告訴自己把不安恐懼先放在那裡，用一顆孤獨卻又清澈的心，準備上場去。

白色小圈圈，也是最適合用來練習孤獨的地方。

很多時候，你可能會誤以為「孤獨」不是好事，但在追求夢想與目標的過程中，你終會明白，其實「孤獨」可以讓人產生力量。這就是為什麼，我們要特別把「孤獨力」拉出來，變成一項鍛鍊心智的重要指標。

「孤獨」真的會產生力量嗎？

如果你不要只想著「孤獨」對人們造成的負面影響，就會發現「孤獨」反而提供了很多空間來造就「專家」，所以這世界上有很多一流的專家和運動員，其實都是「傑出的孤獨者」。

發現地心引力的牛頓，便是史上最知名的「傑出孤獨者」之一。離群索居的牛頓幾乎沒什麼朋友，以現代觀點來看，根本就是個宅男，但他心裡想的既不是線上遊戲也不是正妹，而是滿腦子流動著他最熱愛的數學運算公式。每天宅在家的牛頓，不但發現了微積分、萬有引力，還提出三大運動定律。有人問他怎麼辦到的？牛頓回答：「我沒特別用什麼方法，只是對一件引發我熱情的事物長時間去思索罷了！」你看，這麼「出世」的答案，讓牛頓孤家寡人一輩子，但他一生孤獨的研究，卻讓人類見證了知識的偉大。

現在你應該更明白，「孤獨」在成就專業的路上，是多麼有力量。

麥爾坎．葛拉威爾（Malcolm Gladwell）在《異數》（*Outliers*）這本書中，提出了「一萬小時法則」。他指出，這些世俗眼中的「天才」，其實是付出了超過一萬小時的努力練習，才造就驚人的成果。比如，NBA最會投三分球的雷．艾倫（Ray Allen）在名人堂頒獎典禮上就說：「我不相信天賦。我之所以能站在這裡，是因為苦練再苦練。」

還有日本一流運動員鈴木一朗，從小就立志當職棒選手，於是開啟了每天規律又無聊的練習，即使成功進入職業棒球領域也不中斷，不但每次比賽都提早兩小時抵達球場，賽前還做足揮棒三百次的自我訓練。直到累積了揮棒百萬次的練習成果，鈴木一朗開創了屬於自己的生涯巔峰。雖然，提出「刻意練習」的心理學家安德斯・艾瑞克森（Anders Ericsson）補充：努力除了「量」，更要兼顧練習的「品質」；不可否認的，「大量付出努力」仍是許多成功者的共同點。

我們常常不自覺地羨慕那些能達到「頂尖」的人士，卻很難看見，他們背後原來付出了這麼多的代價。

所以，日本人把「孤獨」這件事，稱為「侘寂的美學」。

總在獨自一人時，我們更能靜下來覺察自己的限制，然後在這種對於「有限性」的體會下，想辦法突破自我的極限。仔細想想，這不就是棒球選手站上白色小圈圈時，在做的事情嗎？

「孤獨力」的內涵，可以用「極」這個字來形容。

極（極，金文）＝木（木：房柱）＋亟（亟：限度）

「極限」的意思，是從「極」這個字來的，它的本字是「亟」，意思是「房屋中最高位置的那根正梁」。你可以想像，早期的房子，正梁的位置可是在一個好高好高，和人離得最遙遠的地方，而那些「傑出的孤獨者」，卻是那麼心甘情願地守在這遙遠的角落。

當然，如果你覺得那麼高的地方實在太冷了，你並沒有打算離人群那麼遠，那麼你可以在心裡畫上一個「白色小圈圈」。網路時代，眾聲喧嘩有時實在是一種干擾，所以我們心裡總要空上一個「孤獨的角落」，才能更清晰地看見自我潛力，往那個突破極限的更高處邁進。

孤獨，確實為人帶來力量。

接下來，我們就要好好談談，該怎麼讓這件事發生。

第17堂課　孤獨的修練

因痛苦而強壯

很多時候，我們看運動比賽時會心情激動、哽咽落淚，但大多數時候那只是一時激情，因為我們可能並沒有實際明白，自己到底是被什麼給感動？為了瞭解球迷的激情是什麼，以及運動員的心智到底哪裡使人動容，我們來做一個小小的實驗：在球場看臺上，用土法煉鋼方式，將選手從出場到走回休息室的畫面完整拍下來。

看到這個舉動你可能會覺得奇怪：比賽不都有轉播嗎？轉播畫面那麼細緻，哪需要做這麼麻煩的事？

我們先來思考一下媒體傳播的概念：為了捕捉不同角度的鏡頭，一般來說，電視節目一個棚內錄影大概需要四臺以上的機器，倘若以職棒賽事播報來看，更可能多達十個鏡頭。然而，這麼多臺機器，最後卻只透過一個畫面來播放，所以要讓觀眾看些什麼、聚焦在哪個角落，通常是由導播依據他的專業經驗來決定。

換句話說，在同一個場域裡，如果你坐在電視機前，我們的關注焦點會放在哪裡，其實已經透過所謂的「專業」判斷及篩選。因此我們大多把看電視當成娛樂活動，和現場觀看錄影或到現場去觀看運動賽事，是截然不同的體驗。

所以現場看球賽的趣味就是這樣：你可以有比較多空間，用自己的感官去篩選想看的東西。如果我們將關注焦點從比賽得分與結果，拉到一個運動員身上，或許才能仔細觀察他們心智所傳遞出來的精神是什麼。

這麼做的結果，我們可以看到什麼呢？以一個簡單的片段為例。

這是場職業棒球比賽，打擊的十六號選手揮棒出去形成安打，他奔上一壘壘包。接著，二號選手上場打擊，依照場邊實況，啦啦隊這時將關注力放在二號選手身上，以穿透全場的音量，號召場邊球迷一起為二號選手加油，場邊轉播的攝影機也會將大多數鏡頭聚焦在二號選手身上。除了一些特殊狀況，比方說對方投手將球傳向一壘牽制十六號選手，以免他趁隙跑往二壘時，攝影機才會重新把鏡頭帶回到十六號選手身上。簡言之，攝影機的重點通常是跟著「球」，而不是「人」；所以觀眾在看球時，也大多被養成去關注「球」有沒有得分，而偏向忽略「人」的行動細節。

但倘若我們稍微把舞臺焦點偏移一會兒，不要跟著球，而是緊緊跟著十六號選手，會有什麼不同的體驗？

當二號選手在打擊區與投手對決時，十六號選手也在一壘壘包上預備攻占下一個壘包，往得分推進，二號選手在打擊區待了大約三分二十五秒，一共受到投手牽制三次、起跑又重回壘包三次，最後二號選手打擊失敗遭判出局，十六號選手也只能停在一壘上無法往前推進。

接下來，輪到三號選手上場打擊，他的纏鬥性更強，在打擊區上待了六分五十三秒，同時間一壘壘包上的十六號選手也沒閒著，他起跑又重回壘包九次，其中兩次因投手牽制而得撲身飛回一壘壘包，直到他第十次預備起跑，三號選手爭氣地揮出安打，使得早已起跑的十六號選手可以不斷向前飛奔，繞過二壘一下衝上三壘。

你可以想像此刻場邊的氣氛有多熱烈歡樂，啦啦隊嘶吼著、球迷們瘋狂地露出手臂大腿跳著應援舞蹈，天真的孩子們感染了這股氛圍，扭動著身軀跟著又叫又跳……

但是，手持鏡頭的攝影師心情卻迥然不同。當他看到十六號選手在一壘壘包上，一共白白起跑九次，有四回終於跑到脫帽擦汗；期間一壘教練還湊近他耳語了九次，兩人形成一個小小的聯盟，在偌大球場的一壘角落，關注與思考著如何倚靠那顆小白球邁進得分的門檻。

終於在失敗九次後（如果含二號選手打擊時白跑的三次，十六號選手便是失敗了十二次），這份盼望變成了可能。

攝影師忍不住鼻酸了一下，他體會到所謂的「運動員精神」，那是一種無比強大的心智，不管周圍是眾聲喧嘩還是門可羅雀，不論空中是豔陽高照還是陰雨連綿，不管你身在球場的哪個角落，就算場上已經兩人出局、兩好三壞，都要永遠懷抱著可能得分的希望，專注在自己的工作本分上。

在這樣的信念下，那天的比賽結果並沒有讓該隊的球迷失望。因為接下來上場的四號選手，再度爭氣地打出一支安打，所以十六號選手終於能從三壘跑向最後一關，為球隊拿下分數；他回到本壘得分之後，眼神熱切地回望，迎接隨後回到本壘的三號選手，然後兩人一起回到本壘後方，其他隊友們已經伸出手來和他們熱情擊掌。接著大家一起把得分的榮耀，暫時讓給打出得分安打的四號選手。

場上的選手幾乎穿著一樣的球衣，如果你是臨時插花進來看的觀眾，八成分不清誰是誰，因為場上最響亮的只有最接近勝利那一刻的四號選手的名字。

現場很多球迷都十分激動，也有人和攝影師一樣忍不住鼻酸哽咽，甚至落淚，但大部分人在這種「抽象的情緒」中，常常不知道、也很少去思考自己在激動些什麼。

事實上，如果你關注的是這種「運動精神」，就會發現，光看十六號選手出場後白跑的那來來回回十幾趟過程，就算他後來沒有回到本壘得分，你還是可以帶著滿滿的收穫走出球場。

運動場上的人生即是如此，你既是你自己，又不是你自己；你既和別人在一起，卻又不全然是真的和別人在一起。

就像我們身在一個工作或學習團隊中，你必須要能合群，又要能體驗孤獨，甚至能享受與創造「孤獨」，因為「孤獨」的存在，我們才更有機會把專注其中的事物，從「喜愛」帶往「能力」的層次。

擁有「孤獨力」的人，才得以在眾聲喧嘩中，感受這種超越各種不可能與極限的快感。

問題又來了，「孤獨力」怎麼培養呢？請稍微回想一下剛剛我們描述的那段比賽過程。相信你一定聽過一句話：「不要太重視結果，重點是過程。」但我們大多將這句話視為一個「大道理」，而非可以實際執行的「經驗」。

架一臺想像的攝影機

如果我們要跟運動員學習，請先試著在心裡架設一臺「攝影機」，將手邊想專注的工作「完整拍攝下來」。請記得，拍攝焦點要放在「選手」——也就是你自己的一舉一動上，而不是旁邊那些與你行動不相干的人事物。

當你一開始嘗試這樣的想像時，可能會有些困難，但只要多練習幾次，你會發現逐漸可以完全聚焦在自己身上，在ＮＬＰ神經語言學和催眠課程中，這種想像是一種非常重要的自我覺察練習。

像跑壘一樣，設定自己的目標

接下來你可以做的，是將自己的工作目標進行拆解，就像棒球比賽或者遊戲破關一樣，設定出你的「一壘」、「二壘」、「三壘」，以及你最終要達成的目標，分別是什麼？

比如，許多人放在嘴邊喊著的「鍛鍊身材」這件事，如果不要光想著「我要減肥」這麼籠統的概念，而是把它拆解成明確具體可評鑑的目標項目，比方說：「我想用一個月的時間減掉三公斤。」

請記得：這種具體的目標，就像棒球場上的壘包一樣，必須是你覺得近在咫尺，可以一步一步達成的關卡。

當然，我們也明白，很多時候想著的事情常常達不到，但這就像是十六號選手白白奔跑的那十幾趟過程，它們都只是為了那最後一次的成功起跑而存在。這次跑不成，停下來擦擦汗，聽聽教練意見，想想自己還可以怎麼做。我們必須要有承受這種孤獨與痛苦的能力，才能養成更容易達到目標的心智。

孤獨，很多時候讓人感到痛苦，但也讓人變得強壯。

實作練習17

奔回夢想本壘

當你所設定的目標，過程中可能經歷許多難熬的磨難時，可以使用以下這張圖（圖二）來協助自己解決問題。

請先完整閱讀這個篇章中，十六號選手在棒球場上反覆起跑，最後終於成功奔回本壘的故事，並且想像那個畫面。

接著，在圖一「本壘」的位置寫下你想設定的目標，例如，「本壘：減輕五公斤的體重」。

想像有一臺攝影機在記錄這個減重的歷程，你覺得自己的一壘、二壘、三壘的目標分別會是什麼，使得你能達到本壘所設定的終極目標？當你想好以後，請將這些階段性目標，填寫在圖一「一壘」、「二壘」、「三壘」的位置。例如，「一壘：開始學會分析食物的營養成分、計算卡路里，只吃不造成身體負擔的食物」；「二壘：尋找並開始養成運動習慣（每週至少一次，每次三十分鐘）」；「三壘：同時擁有健康飲食與運動習慣（晚上九點前進食完畢，每週運動二至三次，或運動總時間可達兩小時以上）」。

最後，持續記錄訂定目標時的自我狀態（以上述例子而言，便是「量體重」），以及不斷想像達成目標時的自我狀態（以上述例子而言，便是「減了五公斤後的模樣」），直到達成目標為止。

圖一：朝著夢想的本壘前進！

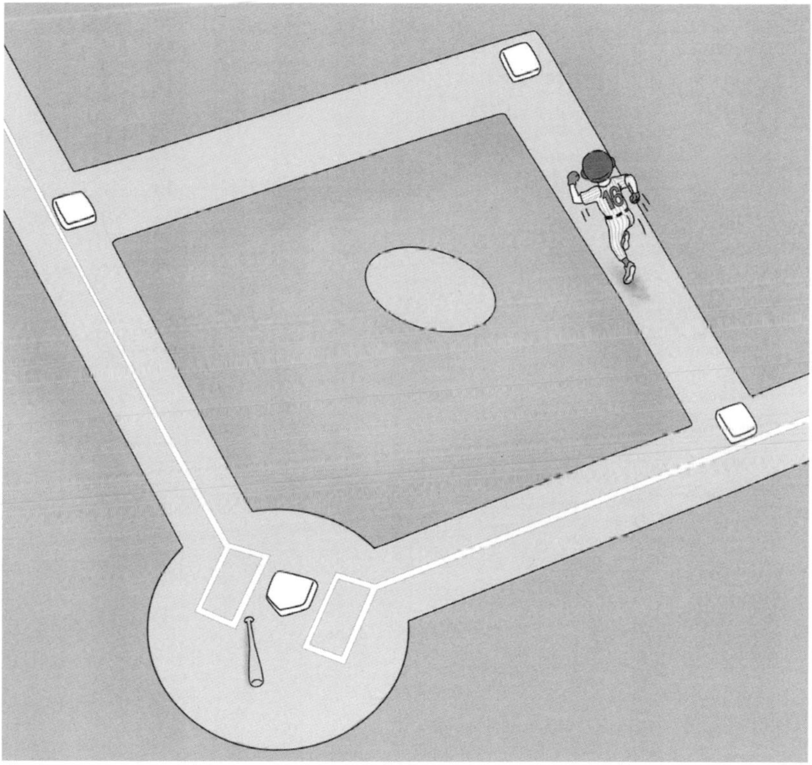

打擊區（目前我的起始狀態）：________________

本壘目標（達標後的自我狀態）：________________

一壘目標：________________

二壘目標：________________

三壘目標：________________

（可為各個大目標拉出細項目標）

第18堂課

付出與反饋

讓自己與「痛苦」共存

如果用一句話來形容「孤獨力」，我們可以說，它是一種能夠與「痛苦」共存的自我專注。

一般來說，痛苦會以兩種形態存在：身體上及心理上的。而職業運動員，則大多是能同時承受這兩種痛苦的好手。

為了理解職業運動員如何和「痛苦」共存，我們再來觀察一下發生在十六號選手身上的經驗。

二〇一七年，嘉義棒球場的某場例行賽中，十六號選手在跑壘時感覺自己似乎受傷了，一股錐心疼痛從右邊腳底的大拇趾竄上來，包在釘鞋裡的腳彷彿要炸裂一般。他回到休息室後，脫下鞋子看看發生什麼事，一股鮮血隨之噴發，原來是因為自打球的撞擊力道太強，右腳大拇趾的整片趾甲已經翻開來，掛在腳趾頭上搖搖欲墜。

教練在旁邊當然也看到了，但他不會像個母親一樣，上前安慰你的心情；也不會把你當成小孩般，覺得這是值得大聲嚷嚷的事情。兩個男人面對這種「濺血」畫面，卻什麼也沒有多說。當然，教練想必知道這感覺是痛苦的，只是受傷也算是職業選手的某部分職責，你不需要浪費時間去討論什麼職業傷害的問題，而是必須學習去承擔工作的風險與痛苦。

然而，如果你是十六號選手的門外漢親朋好友，心裡可能就會有些擔心：天啊！這種血肉模糊慘不忍睹的狀況，隔天還能勉強上場嗎？

有趣的是，十六號選手心裡卻沒有「勉強」這兩個字，他只是面對著已然「炸裂」的大拇趾，思考有什麼方法能讓自己明天順利上場？

十六號選手突然靈機一動：既然痛苦已經發生，腳背周圍也產生無可避免的腫脹，使得腳無法塞進原本的鞋子裡，那麼，這還不簡單嗎？這隻受傷的腳改穿大一號的鞋子，不就得了？

他迅速為自己找來一隻大號的鞋子。隔天包紮完後，他的雙腳穿著款式相同而尺寸不同的鞋子，照常上場守備和打擊。當十六號選手想到這個可行方法的同時，原本炸裂般的疼痛，已經和他的心智結合在一起，變成一種「能夠忍受的狀態」了。

這個狀態是怎麼辦到的呢？十六號選手依照自己的經驗來思考：運動場上的生涯，如果你因為受傷而需要一段時間休息來使之康復，那麼在競爭激烈的環境下，這可能會提高被其他人取代的風險。面對「被取代的風險」和「受傷的疼痛」，孰輕孰重呢？答案在十六號選手心裡是很明確的：他想做自己熱愛的工作，直到不能做為止。

因此，在評估各方面條件後，可以上場的條件下，十六號選手都會選擇上場；一旦上場並實際投入到自己喜愛的事物後，神奇的是，那股疼痛好像也變得沒那麼痛苦了。

這種能與痛苦並存的感覺，便是「孤獨的能力」。有趣的是，當你曾經有過一次這樣的經驗，下次可以承受痛苦的程度還會變得更高，直到有一天，你發現自己已經超越原本可以想像的極限，擁有了能比別人多扛起幾千斤壓力的特異功能。

為什麼會如此呢？我們試著把這個「學習承受痛苦」的歷程（也就是「培養孤獨力」的過程）拆解開來，發現裡頭有兩個很重要的心理元素：首先，在承受痛苦的過程，你要先「付出」大量的心力；接著，你還要能去思考並看見你付出大量心力之後，所收到的「反饋」。

殘酷的自我修練

在許多職業運動員的生活中，有一項讓自己快速恢復疲勞、回復運動表現的方法，叫做「冰水療」。它的做法是，將身體浸泡在攝氏五至十三度的冷水中，大約十至二十分鐘，以降低訓練過程中因肌肉產生小撕裂傷所導致的延遲性肌肉痠痛。

好的，我們都知道，人體一般正常體溫是三十七度左右，你就可以想像，要赤裸裸地讓身體和五至十三度的冷水融合在一起，其實並沒有那麼容易。但十六號選手卻是選擇用五至六度的水溫下限，長時間持續進行這聽來十分殘酷的自我療法。

你知道嗎？每個行業其實都有這種「殘酷」的自我修練法。之所以用「殘酷」來形容，是因為這些方法往往挑戰了一般人所認為的「不可思議」。比方說，一個音樂家可能每天練十幾個小時的琴；一個學術工作已經很忙的學者可能每天還會抽出時間來看六個小時的書；一個決心要鍛鍊身材的人可能每天下班累得半死還要撥出一、兩個鐘頭來跳有氧舞蹈……

如果你曾經有過這種經驗，就會明白，當你身處在這種別人無法理解的狀態裡，那種感覺有多麼孤獨。

但這裡所談到的「孤獨」，和那種「一個人孤伶伶，好冷」的感覺，是截然不同的；這裡所談到的「孤獨」，是「我在我自己的狀態裡」，彷彿這世上只存在我一個人。

我和我自己同在。

我和我的目標同在。

我也和我的夢想同在。

是這樣子的一種孤獨感，讓我們願意為某些事物「付出」大量心力；也因為我們的大量付出，最終我們對痛苦的耐受力，也將變得極為強大。

看見付出後的價值

然而，大量付出的過程，難道我們腦袋裡不會出現那隻小惡魔，叫你趕快休息，回家好好睡覺嗎？

這是當然的呀！惰性人皆有之，你會、我會，就連職業選手也不例外。所以要對抗小惡魔的侵襲，我們便要學習「思考反饋」的技能。意思是說，當我們為某些事物大量付出時，要非常細微地，不是只有看到最終目標有無達成，還要看到我們每次的付出中，回收了哪些「價值」。

比方說，每天練習十幾個小時的鋼琴家，因為練習時間太長而沒有機會吃宵夜或暴飲暴食，可能大多保持勻稱的身材；而每天忙得要命，卻還要抽出時間來大量閱讀的大學教授，因為平常就勤於吸收知識，備起課來特別容易，不用花太多時間；每天跳有氧舞蹈的上班族，雖然睡眠時間變少了，但運動後舒展開來的肢體，卻有助於一夜好眠。至於我們的十六號選手呢？雖然每天泡在冰水裡，總是冷得發抖，但同時間他也發現（或自我解嘲），這樣皮膚會變得更緊實，而得以擁有一副青春不老的外貌……

換句話說，我們在「大量付出」後所要思考的「反饋」，可能不是一個原本就存在的重要目標，而是那些「無心插柳柳成蔭」的收穫。

多閱讀一些知識性的資料，仔細思考看看，付出後可能還有哪些「無意問」獲得的好處。這樣的理解與想像，將有助於我們持續地「大量付出」。

想想，如果能在「大量付出」和「思考反饋」的行動中堅持，那份足以承擔痛苦的「孤獨力」，還能夠不被養成嗎？

實作練習18

評估行動效果

當你想要檢視自己達成目標的過程中，所進行的付出是否能夠有效地協助你持續往目標方向前進時，可藉由下列表格（表十九）來進行。

首先，列出與目標方向相關的行動項目（你為目標做了什麼？），接著透過下列表格，來檢視這些行動項目的付出程度與所獲價值（效果如何？），最後依照效果的評估，來提高「高付出、高價值」的行動比例。

以十六號選手為例，他為了打好棒球所做的行動項目可能有A、B、C、D，其中一項是「冰水療」這個聽來有些殘酷的自我修練。但在評估過後，這個項目因為屬於「高付出、高價值」的行動，所以長久下來，就被保存在十六號選手的訓練當中，變成習慣的一部分了。

表十九：評估行動效果檢核表

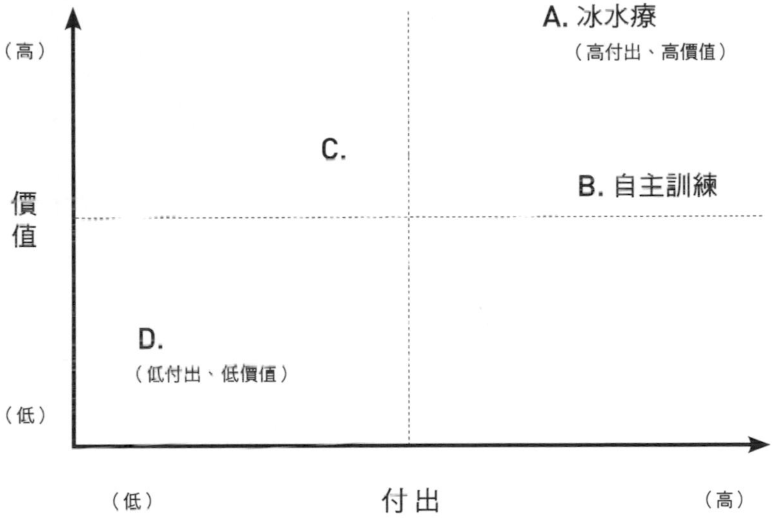

做法：

1. 列出與目標方向相關的行動項目（我為目標做了什麼？）。

2. 評估行動項目的付出程度與所獲價值（效果如何？）。

3. 提高「高付出、高價值」的行動比例。

對目標有意義的行動項目：

A. ［例］冰水療　　B. ［例］自主訓練

C. ＿＿＿＿＿＿　　D. ＿＿＿＿＿＿

第19堂課

光靠同情是不夠的

修復創傷就是突破生命極限

每個人，都有受傷、感到疼痛的時刻。

就像走進一間腳底按摩店，師傅健壯的雙手在你腳上捏呀搓啊揉的，有些人感受到毫無心理準備的疼痛，「哇」的直接慘叫出來；有些人卻寧願咬著毛巾，挨著痛不肯讓人知道；這時候師傅可能會提出語重心長的警告：這裡痛表示你的胃可能長期有些問題，這邊痛可能是因為最近壓力太大了沒睡好……頓時，你感覺自己像被X光機掃過般完全透明赤裸，被迫面對自己還沒看見的創傷隱疾。

創傷隱疾，身體上有，心理上亦是，但世上有許多人不喜歡這種看透自己的狀態，心裡想著：受傷就受傷了，知道又能如何？

這還不簡單嗎？感覺到會痛，明白了自己某些地方已經受傷，目的不就是為了對症下藥，修復它！

職業運動員的身體，往往有些經年累月的大小創傷，有些嚴重到要動刀，有些則是雖無大礙卻無法完全修復；但因為職業運動需要你精準且完美地呈現某些動作，所以運動員常常必須要去面對自己最真實的身體狀態。心理學家也是如此；因為職業的關係，他們得誠實面對的，往往是成長過程中，刻劃在心裡的創傷。

然而，身體的傷會形成心理上的恐懼；而心裡的傷，也會儲存在身體上，變成無法自由舒展的、行動上的彆扭。

十六號選手打職棒已經超過十五年了，身上也有些惱人的舊傷。某場比賽中，他專注於準備接殺遠遠奔來的一顆飛球，球落入手套的同時，他整個人重重地撞上了全壘打牆。

當然，身為一名堅毅的運動員，就算撞擊當下在現場發出極大聲響，惹來場邊無數擔憂關愛的眼神，十六號選手的第一要務卻是要保持身體平衡，不受撞擊力道的干擾，把球穩穩地接在手套裡，才能使對方打者出局。直到整場比賽結束得以放鬆後，他才感受到身體明顯有些不適。依照經驗法則，他先讓自己多休息，沒想到還是無濟於事，最後他終於接受精密檢查，在高科技顯影下看見自己皮膚底下，被狠狠撕裂的那層肌肉。

以棒球運動為畢生所愛的職業啊，十六號選手天不怕、地不怕，就怕因為這些說大不大、說小又不小的毛病，影響了自己對球隊的貢獻。

當十六號選手想方設法調整自己，以期回到最佳狀態時，觀眾只記得他英雄式地撞牆接球，然後若無其事高舉順利接到球的手套，他們不會知道在那之後，十六號選手其實獨自面對與承受了這些「英雄後遺症」。在下一場球賽時，某些觀眾看他沒能順利傳球狙殺對方，就好像遺忘了沒多久前才出現過的那些精采畫面，而毫不留情地酸他。

就像一般的職場文化，沒有考量你身心狀態的人，看見你表現不好，本能地先質疑你的能力與用心；關心你的人看得出來你狀態不好，那些本想安慰的問候與問題卻常常讓你更沮喪煩躁。

其實在這種時候，過多同情只會讓受傷的人感到更加無能。一個受傷的人，需要的只有簡單的三件事而已：適當的同理和適度的刺激，以及解決問題的專業建議，也就是「3S原則」：Step into Someone's Shoes（同理）、Stimulating Potential（刺激潛能）、Solution Professional（專業建議）。

・3S原則：同理、刺激、建議

我們來看一下十六號選手和訓練師的互動好了。還記得那天下著雨，心理學家匆匆趕到現場時，他們的訓練已經開始。訓練師用一種直接且清晰的語氣，在十六號選手身邊喊著：「來，揮棒。到這裡就好，打到我你就完蛋了！」

心理學家才坐下來幾分鐘就想笑。如果你只聽訓練師說什麼，會覺得這些話並不好聽，但對於一個正在修復創傷的人來說，這就叫做「適度的刺激」。因為當我們處於受傷的低潮中，對於「同情」往往是很敏感的；「同情」給人一種「怎麼辦，我做不到了」的感覺，常常會加重當事人的自我懷疑。

甚至很多時候，我們也給予自己太多的「同情」，比如我們會自怨自艾，覺得誰對我不好、自己有夠可憐。陷入這樣的心情中，你的心可能會發出訊息給你的大腦，降低你的行動能力來符合這種無能的狀態。

所以我們需要的往往不是「同情」，而是讓我們能產生希望和行動力的「同理」。比如，訓練師是這麼和十六號選手說的：「來，動作做出來，不要怕。了不起弄斷（肌肉），然後開刀重來。」

訓練師這段話聽起來好似挺冷酷無情的，為什麼我們說它是「同理」呢？其實，「同理」和「同情」最大的差別在於，「同理」是站在對於對方一定的理解基礎上，所做出來的回應；而「同情」只是依照自己內心感受所做出來的反應。訓練師特別理解職業運動員在這種傷勢說大不大、說小又不小時進退兩難的處境，所以在這種理解上對運動員喊話，便只是幫助運動員撥開表層的害怕，聽見自己內心底層的聲音。

心理學家在旁邊遠遠觀察，他們一句話也沒有交談，誰也沒有打擾誰，但又交會在同一個時空裡。這個身體訓練的過程，彷彿就是心理治療室裡所發生的一切：你以為是旁邊這個人在指導你、跟你說話，但其實這個人存在最大的功能，只是幫助你和自己對話。

於是，十六號選手重複一輪又一輪動作訓練的自我對話中，他的身體逐漸脫離恐懼、重新回復靈活自由，他很快又可以拿著重新訓練好的身體，去球場上拚一個贏的機會。心理學家則是透過旁觀，更理解一個人如何在創傷中，學習忍受痛苦、不斷地打開身心的限制（期間，更是置若罔聞地聽見修復創傷過程必然經歷的慘叫聲）。於是他們寫下這段話：

相信你的身體，也相信你的心。
相信你自己，也相信你的夥伴。

相信每個人可以承受的最大痛苦，總比我們此刻感知的，還要多得多。

願意真實地相信「創傷」的存在可能是為了開拓我們的人生，這份相信就具有打開你生命「極限」的重要意義。這便是我們在修復自我創傷過程中，所學習到最美好的孤獨力。

實作練習19

修復創傷

當你覺得過往的人生還有某些創傷尚未排解時，可以利用下列表格（表二十）來幫助自己解決問題。

首先，在表格上記錄你覺得未解的心結和創傷，這些心結和創傷的項目，可能包括了人、事、物。

填寫完這些項目後，請試著理解每一件事帶給你的影響是什麼（同理），思考它可以刺激你多做些什麼（適度刺激），以及你可以如何獲得對這件事情有幫助的意見（專業回饋）。當你檢視完上述項目後，也請列下自己覺得還未做到，或者期待自己未來可以多做的事情（待辦事項）。

例如下面的例子：

◆**創傷項目**：小學時被老師打一巴掌。
◆**同理**：從此以後害怕權威，不敢在眾人面前開口說話。
◆**適度刺激**：以後要當一個不打人的老師。
◆**專業回饋**：報考教育研究所。
◆**待辦事項**：成為老師後，想回去看看小學老師。

表二十：修復創傷記錄表

檢視 創傷 項目	同理	適度刺激	專業回饋	待辦事項
A. ________				
B. ________				
C. ________				
D. ________				
E. ________				
F. ________				

第20堂課

被討厭的勇氣

把「格格不入」化為養分

一場由運動員主辦的閱讀獎學金頒獎典禮上，市區的小朋友和大老遠來的偏鄉小朋友排排坐在一起，等著問他們心目中的偶像問題。

舉手發問可以得到十六號選手的親筆簽名。小朋友們高舉著雙手，期待獲得這份加持過的禮物。

麥克風傳到一位偏鄉小朋友手上，只見他眼珠子咕溜咕溜，一臉靈活聰明的模樣：「請問，你們到棒球場上比賽時，要帶自己的球棒嗎？」

問題一發出，現場一陣大笑。十六號選手帶著微笑的語氣回答：「當然要帶自己的棒子呀！不然怎麼打球呢？」

麥克風接著又傳來傳去的，這個童稚的問題，彷彿被之後的重重話語給淹沒了，逸散出人群的記憶之外。

然而，十六號選手和心理學家卻忘不了這個問題。

頒獎典禮結束後，十六號選手語重心長地問心理學家：「市區孩子和偏鄉孩子問的問題，完全不一樣對不對？」

這是當然！市區的孩子多半正襟危坐，談話之間頗有受過訓練的架勢，和偏鄉孩子的發問模式截然不同。所以，擁有較多可以好好念書的資源，真能影響人們思考與發問的深度，是嗎？

討論過後，我們不禁同時搖搖頭。因為，像是「比賽時要帶自己的球棒嗎？」這種問題，或許都市裡念過很多書的人也不見得知道答案，但覺得自己讀了很多書的人、和覺得自己什麼都不懂的人，最大差別就在於：讀書人即便知道自己不懂，很多時候還要裝作自己很懂，而不敢開口問這種可能會引人發笑的「蠢問題」。

喔！原來當我們書念得愈多，愈覺得自己在學校、在社會上有一定程度的位置時，心理上的包袱也不知不覺變得愈多，愈要督促自己得知分寸、懂進退，以免和社會「格格不入」，變成團體中不受歡迎的邊緣人，但最後付出的代價，卻可能是失去追求知識與夢想的純真。

當我們失去那份對於事物的單純與好奇，不就也失去身為一個人，與生俱來的「初衷」了嗎？

而「格格不入」和「失去初衷」這兩件事，到底哪個比較可怕呢？

．「格格不入感」是為了能承擔「被討厭」而存在

「格格不入」對現代人來說，或許是一種愈來愈普遍的感覺。想要瞭解這個概念，我們可以先回過頭來，看看關於「孤獨」的理論。

專精精神分析領域的心理學家梅蘭妮．克萊恩（Melanie Klein），花了許多時間研究「孤獨感」的來源，關於孤獨，她是這麼說的：「所謂的孤獨感受，指的不是被剝奪了外在陪伴的感覺，而是不管周圍的環境熱鬧與否，內在仍然感到孤獨。」

克萊恩說，人之所以感到「孤獨」，是因為我們總在渴求一種「完美狀態」，而這種「完美狀態」其實根本不存在，當然也就無法獲得。

換句話說，我們之所以覺得與人「格格不入」，可能不是因為身旁沒有人，而是一種莫名的「非我族群感」，讓你覺得對方可能根本無法理解你，或你們完全沒法走到同一個頻道上。依照克萊恩的說法，這其實是我們由內而發的，一種對於「人」的過度完美標準所導致。

既然「孤獨感」是由內而發，那麼，或許我們心底那股「被人群給排擠」的感覺，其實是我們內心「渴望排擠人群」的一種投射，也不一定。

或許我們就是想要透過「格格不入」，來鍛鍊自己內在「被討厭的勇氣」；說穿了，我們其實也沒有那麼「喜歡人」，只是不願意同時間承受「不受人喜歡」的感受而已。

也許我們生來就是「孤獨」，就是「格格不入」。因為透過這樣的養分，我們才學習承擔起「被討厭的感覺」，讓自己的本來樣貌，在有限的生命時光裡，逐漸自由地舒展開來。

用這個角度來看，我們就明白，所謂的「格格不入感」，其實也是一種培養「孤獨力」的養分。

「格格不入」及其所創造的

說起「格格不入感」，十六號選手和心理學家都相當認同，這不但能夠開啟新的視野，還可能創造全新的、想像不到的成就。

就像十六號選手初學棒球時姿勢很怪，天生左撇子讓他怎麼打都打不好，老是受到教練責罵和同學嘲笑；和那些原鄉的天才型小選手比起來，十六號選手好像被放逐到一個異次元的外太空。

極度「格格不入」，是吧？教練說，既然沒有天分，何必在這裡苦撐呢？

但十六號選手內心是堅毅無比的，即便揣著棒球身上密密麻麻的縫線感到挫敗的痛苦，也總是不肯輕易放棄的。果然在不久後，因為教練勸十六號選手好好念書、少做棒球夢，他便順著教練的話踏進閱讀的世界；然而，裝滿知識的書本非但沒有讓他從此遠離棒球，反倒是書裡沉甸甸的知識就這樣「咚」地一聲，掉進他的棒球世界裡。他成了一個會在棒球隊裡看書的「怪小孩」，後來變成一名會在職棒球隊裡看書的「怪怪選手」，最後成了一位提起筆來寫書的「超級怪職棒選手」。

有人說他這樣是「做自己」，也有人說他是「知道自己要什麼」；你可以想像，他想必不會是那種老闆眼裡正常的、人緣和諧的運動員。然而，在許多人心目中，十六號選手卻是一個能夠激發別人生命的人。

心理學家也好不到哪兒去，從穿著、想法到思維，幾乎都不是心理學領域該有的「主流」，但就是因為這種「格格不入感」，她才有機會闖進十六號選手的專業領域，看見那份運動精神背後，竟有如此多值得我們應用到人生的元素和意涵。

然後，十六號選手和心理學家周圍開始出現愈來愈多的「十六號XX」：那個學商業的十六號讓他們看見「心智鍛鍊」原來也是種商機，那個搞藝術的十六號讓他們明白「心智鍛鍊」或許也可以拍成一部電影……

他們因為「孤獨」而彼此靠近，因為「格格不入」而學習相互依靠；但在成群結隊時，他們依然在群體裡感到「孤獨」，為了彼此的「格格不入」而吵架起衝突。

然而，直到他們真正可以彼此信任的時候，就突破了「孤獨力」最大的魔咒：安全感。

是的，格格不入的人，很多時候需要離群索居，大多是因為「遠離人」的狀態，才讓人感到比較安心。這，才是「孤獨力」中，需要修練的最後一項課題：當你學會起碼在某些關係中，不用特別感到不安，「格格不入感」才真的會成為一種幫你尋找生命同夥的力量。

「孤獨者」勇於「被討厭」

「安全感」幾乎是二十一世紀討論度最高的心理學議題了。一個擁有「孤獨力」的人，最終極的說法，也可說是一個擁有穩定「安全感」的人。

但這件事說來容易、做來難，到底該如何才能在心智中鍛鍊呢？我們的答案是：善用你的「初衷」。如同前面所說的，我們在這裡很簡單的把「初衷」定義為：「一種單純為了想知道而發問的心。」同時，我們也可以把它看成是一種能力。

就像那個問「比賽時要帶自己的球棒嗎？」的單純小孩一樣。不管你此刻面臨哪種生命難題，總要學習能夠為了自己而發問：

「老闆，這個我還不太熟悉，你可以再教我一次嗎？」

「你剛剛那樣說，是在生我的氣嗎？」
「你可以老實告訴我，我是不是有點自以為是？」
「我今天真的不想出門，我們可以改約下次嗎？」

這世界上從來都沒有蠢問題，也沒有笨問題，更沒有不好的問題。這些價值與是非，不過都是人的「主觀」所定義出來的框架而已。

成為一個願意持續擁有「初衷」的人，不單有機會成為一個很棒的「孤獨者」，也能成為一個可以承受「被討厭」的勇者。

想想，那時的我們，生命該有多自由？

實作練習 20

人際社交圈

「孤獨力」的終極表現，是一個即便和團體格格不入，但內心卻有著安全感的自己。

這仰賴的並不是實際的人際關係，而是我們內心能不能保留下一些，對生命具有滋養性功能的人際關係。這些人不一定要實際在我們身邊，但與他們相處的經驗與回憶，卻能幫助我們看見自己和別人的好處，並因此而存有基本的信任與安全感。

因此在最後一項實作練習，我們邀請你一起用以下這張圖（圖二），來檢視自己內在的人際社交圈。

在一場棒球比賽中，派駐在場上的同隊選手共有九位：一號和二號分別是投手和捕手；三號到五號的野手們，分別在離內野比較近的工作崗位上，阻擋敵隊的近距離攻擊；而六號至九號的野手們則把守邊關。

現在，請嘗試把棒球場的圖樣，想像成我們內心的人際社交圈：

一號「投手」是「人前的我」，也就是我們呈現在別人面前的那個自己。

二號「捕手」是「人後的我」，也就是只有我們獨處時才知道的那個自己。

你可以利用以下的圖二，觀察一號和二號的位置，試著描述「人前的我」和「人後的我」，分別有什麼樣的特質。你也可以思考一下：這樣的你，是否具有足夠的安全感？

倘若你檢視完之後，覺得自己安全感實在不足，也沒關係。請你嘗試找出以往生命經驗中，讓你回想起來會心一笑、感覺溫暖的人際關係：將帶給你正向感受愈強的人，填寫在三至五號的位置；再將那些可能沒有接觸那麼多、但覺得十分可靠的人，填寫在六至九號的位置。

你可能在填寫的過程中會遇到兩種狀況：

首先，你可能找不出那麼多人的名字，所以填不出來。如果這樣也沒關係，請把找出七個名字這件事放在心上，這是你接下來必須為自己做的功課。

當然還有另一種狀況，就是你想到好多名字，但圖上只有七個位置，不夠填。倘若是這種狀況，當然要先說聲恭喜，你的生命中有這麼多正向的經驗。但當回憶太過龐雜時，日子一久，可能也沒辦法全部保留，所以可以慢慢地用刪去法，一個名字、一個名字地過濾，直到你找出心目中的最佳七人為止。

這七人，就是你心中最佳的先發陣容了。

每當你遇到新的人事物而感到格格不入、不知所措的時候，請你想像心裡的這幅圖像。

彷彿你心裡有個合作無間的團隊，正陪你面對外在接踵而來的大小挑戰。

然而，看過棒球的人都知道，比賽直到九局下半、兩人出局、兩好三壞後，都還有勝負翻盤的可能。

我們的人生也是如此。當你熬過、走過，有天回首過去經驗時，才發現此刻的自己，原來已變得如此強大。

圖二：打造自己的先發陣容！

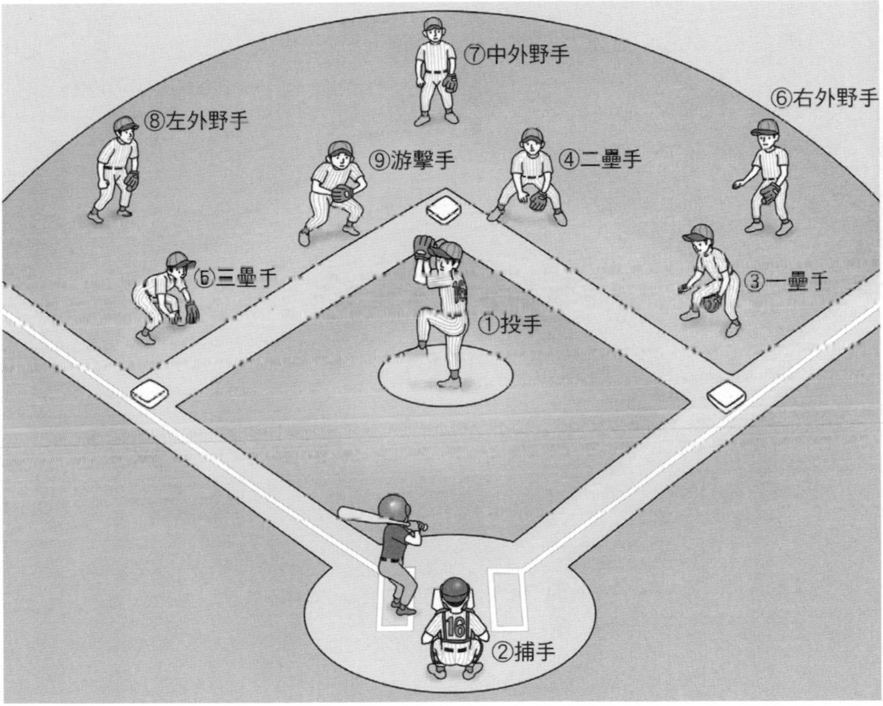

①投手（人前的我的特質）：______________________

②捕手（人後的我的特質）：______________________

帶給你正向感受的人：

③一壘手：__________

④二壘手：__________

⑤三壘手：__________

讓你覺得十分可靠的人：

⑥右外野手：__________

⑦中外野手：__________

⑧左外野手：__________

⑨游擊手：__________

後記

天天鍛鍊

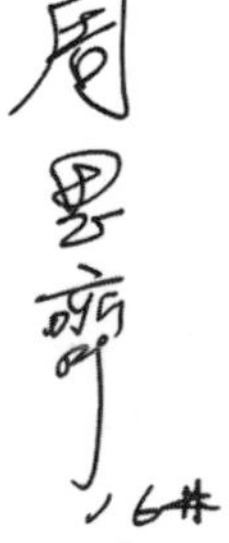

《心智鍛鍊》這本書，是結合兩個不同專業領域而成的心血，分別是運動與心理。

我進入了職業棒球運動多年，每天日復一日的比賽與訓練，已經養成許多規律習慣，這些對我來說是再自然不過的事，但若要把這些已經被我內化的心智思考模式文字化、成為一本書時，還是頗有難度。畢竟，要把對我自己而言是習慣成自然的思考過程，用具體且有邏輯的方式讓大家都能理解，甚至有所收穫，真的是很大的挑戰。但我很樂於接受這樣的挑戰，因為從運動與心理結合的角度去探索心智鍛鍊，真是一件相當有意思的事。

這本書跟皓宜學姊一起合寫，我倆專業領域不同，一位是專業的運動選手，一位是專業的心理師，而且能湊合在一起討論的時間並不多，但我們的確在有限時間內卯足全力地腦力激盪，很快就完成這本書。

我們把心智鍛鍊分成五種能力：專注力、恆毅力、爆發力、穩定力、孤獨力。對我來說，這些能力其實也是養成稱職運動選手的必經過程，只是甚少人會用這麼精準的方式來描述，而且這樣的能力放諸四海皆準，這是一個「I Will What I Want!」的力量。

當我投入寫作這本書時，不僅回顧、省思了過去的自己，也查閱很多資料及某些選手的實務經驗，所以在寫作過程中，我不僅學習了他們堅毅的心智，也為自己完成一次又一次的心智鍛鍊。

鍛鍊自己從來就不是件簡單的事，不管是心理上或生理上，希望你讀完這本書後，也能有了信心跟方向。

I Will What I Want!

後記

理想、夢想、幻想

許皓宜

撰寫《心智鍛鍊》的過程中，我們也各自經歷許多生活磨練。我們在寫作同時，也在籌備電影拍攝，將生命中看來荒謬、卻十分值得記載與反思的故事製作成電影，希望有機會讓大家在戲院銀幕上看到它們。

有些人稱這為理想，有些人說我們很敢做夢。當然，也有人認為我們身在不切實際的幻想中。

然而，由理想、夢想和幻想所組織起來的，不就是一場踏實而饒富意義的人生嗎？

我們之所以耗費這些時日來深究心智能力，也是為了證明：只要你願意，不管是誰，都可以當一個勇於做夢、並且敢於實踐的人。

希望這本書，能陪著你走到心目中的終點。

國家圖書館出版品預行編目（CIP）資料

心智鍛鍊：成功實現目標的 20 堂課 / 許皓宜,
周思齊作. -- 第一版. -- 臺北市：遠見天下文化,
2019.11
面； 公分. -- (財經企管 ; BCB676)
ISBN 978-986-479-823-0(平裝)

1.運動心理

528.9014 108014963

財經企管 BCB 676C

心智鍛鍊

成功實現目標的 20 堂課

作者 — 許皓宜、周思齊

副社長兼總編輯 — 吳佩穎
人文館資深總監 — 楊郁慧
插畫 — Jung Shan（P 18-19、66-67、122-123、178-179、230-231）
小瓶仔（P 247、281）
責任編輯 — 許景理（特約）、楊郁慧
美術設計 — 陳文德（特約）
內頁排版 — 蔚藍鯨（特約）

出版者 — 遠見天下文化出版股份有限公司
創辦人 — 高希均、王力行
遠見・天下文化 事業群榮譽董事長 — 高希均
遠見・天下文化 事業群董事長 — 王力行
天下文化社長 — 王力行
天下文化總經理 — 鄧瑋羚
國際事務開發部兼版權中心總監 — 潘欣
法律顧問 — 理律法律事務所陳長文律師
著作權顧問—魏啓翔律師
社址 — 臺北市104 松江路93 巷1 號
讀者服務專線 — 02-2662-0012｜傳眞—02-2662-0007；02-2662-0009
電子郵件信箱 — cwpc@cwgv.com.tw
直接郵撥帳號 — 1326703-6號 遠見天下文化出版股份有限公司

製版廠 — 中原造像股份有限公司
印刷廠 — 中原造像股份有限公司
裝訂廠 — 中原造像股份有限公司
登記證 — 局版臺業字第2517號
總經銷 — 大和書報圖書股份有限公司｜電話 — 02-8990-2588
出版日期 — 2019 年11月 29 日第一版第一次印行
2024 年10月 9 日第二版第二次印行

定價 — NT 450 元
EAN — 4713510943755
書號 — BCB 676C
天下文化官網 — bookzone.cwgv.com.tw

天下文化

BELIEVE IN READING